JN114315

子ども家庭福祉 概説

〔監修〕小宅 理沙

〔編著〕今井 慶宗　中 典子　中川 陽子

青山社

はじめに

　2019（令和元）年６月に、児童福祉法および児童虐待の防止等に関する法律の一部改正がなされた。最近では、保護者による児童殺害事件をテレビやニュースで見聞きしない日はない。2022（令和４）年２月には生後11ヶ月の笑乃ちゃんが、実母に虐待され頭部負傷にて死亡してしまった。2021（令和３）年には大阪府摂津市で、３歳の桜利斗くんが母親の交際相手に熱湯をかけられるなどし死亡に至った。そして、同じ2021（令和３）年には、目黒女児虐待死事件で亡くなった当時５歳だった船戸結愛ちゃんは両親からの激しい虐待の末に衰弱死させられたが、結愛ちゃんの書いたノート・手紙に涙する人も少なくなかった。また、千葉小４虐待死事件で亡くなった栗原心愛ちゃんも、性的虐待や身体的虐待を受け地獄のような日々を耐える中、最後は息絶えてしまった。他にも残虐な虐待事件は後を絶たないが、結愛ちゃんも心愛ちゃんのそのどちらの名前にも、「愛」という字がある。結愛ちゃんも心愛ちゃんも、生まれて命名される時は、きっと親から深く愛されていたのではないだろうか。そして、愛していたはずの子どもたちを、なぜ親は死に至るまでの残酷な虐待を日々繰り返す、あるいは虐待を見て見ぬふりをすることになってしまったのだろうか。

　さて、「子育ては誰がするものですか？」と質問されたら、あなたはどのように答えるだろうか。毎年毎回、授業の最初に問いかけるのが恒例ともなっているが、「親」との返答が大半をしめる。中には次のような学生がいた。「先生はジェンダーについて研究しているから、『母親』だとひっかかるか試したのですね。答えは父親含む『保護者』が正解ですね」。さて、この解答は正解かといえば、残念ながら採点者によっては０点がつけられるかもしれない。

　では正しい答えはというと、児童福祉法第２条第２項には「児童の保護者は、児童を心身ともに健やかに育成することについて第一義的責任を負う」とされている。ということは、先ほどの学生の解答「保護者」は正解ではないか。しかし、第２条第３項をみると「国及び地方公共団体は、児童の保護者とともに、児童を心身ともに健やかに育成する責任を負う」とされており、また厚生労働省は社会的養護の理念として「社会全体で子どもを育む」ことを指摘している。つまり、「子育ての責任とは、確かに第一義的責任者として保護者があげられるが、国および地方公共団体など社会全体の責任でもある」との解答が正解となる。

　そして、社会全体の中において特に、児童福祉施設である保育所における子育て支援は大きな役割を果たしているといえる。保育士は加速度的にその専門性の高さを求められることとなっており、子どもの保育における専門的技術はもちろん、保護者への支援

や各関連機関との適切な連携、さらには園に所属していない地域で暮らす子どもやその保護者への支援もが保育士の職務内容とされ、その高い専門性が求められている。このことは、一つには児童福祉から児童家庭福祉、さらに子ども家庭福祉へと転換を遂げたことを意味している。そしてこれらの仕事を全うするためには、単に「子どもって可愛い」「子どもが好き」という気持ちがあるだけではついていけず、専門的な知識が無ければ子どもの命が守り切れない場面もある。尊い子どもの命を守るためには、子どもの保護者や、家族を取り巻く様々な社会資源が鍵を握るといえる。

　児童虐待の防止等に関する法律は2017（平成29）年の改正に続き2019（令和元）年6月にも改正され、同法第5条では、「学校の教職員、児童福祉施設の職員、医師、歯科医師、保健師、助産師、看護師、弁護士、その他児童の福祉に職務上関係のある者は」とされていたのが、「学校の教職員、児童福祉施設の職員、医師、歯科医師、保健師、助産師、看護師、弁護士、警察官、婦人相談員その他児童の福祉に職務上関係ある者は」と変更があり、警察官、そして婦人相談員も含めた専門家が、児童虐待を発見しやすい立場にあることを自覚し、児童虐待の早期発見に努めなければならないとされている。

　このテキストは、これら子どもの福祉に職務上関係する全ての専門家やそれを目指す学生さんをはじめとし、結愛ちゃんや心愛ちゃん、その他虐待の果て死亡してしまった全ての児童の死を無駄にしないためにも、全ての人に一度は目を通して欲しいという思いで作成した。

　最後に、分担執筆して下さった諸先生方をはじめ、この度『子ども家庭福祉概説』の編集の機会をつくって下さった、青山社の溝上氏・池田氏にこの場を借りて厚く御礼申し上げる。

令和4年4月

監　修

小宅　理沙

子ども家庭福祉の概要

　わが国では、周知のとおり長期的な少子化の進行が続いている。国立社会保障・人口問題研究所「日本の将来推計人口（平成29年推計）」によると、高齢者人口が増え続ける一方、総人口が減少していくため、高齢化率はさらに上昇し続けて、2065（令和47）年には38.4%に達すると見込まれている。すなわち、日本人口（外国人含）の3人に1人が65歳以上という「超高齢社会」となる。このままの状態でわが国の少子高齢化が進めば、社会を支える役割を中心的に担う働き手の数は当然少なくなる。この数が減れば、総生産が減り、1人当たりの国民所得（生活水準）を維持することも難しくなってくる。

　1人当たりの国民所得（生活水準）を維持するためには、一つに労働参加率を高めていく必要がある。「Year Book of Labour Statistics 1999」（ILO）によると、主要先進国における女性の労働力率の比較からは、我が国の25歳から39歳における女性の労働力率が、他の主要先進国の同じ年齢層と比較して特に低いことがわかる。これは、わが国におけるこの年代の多くの女性が、育児・介護等の家族的な責任を中心的に担っている、つまり「ジェンダー役割分担意識」が根強いためであると考えられる。

　とはいえ、女性が産む子どもの数は減少し続けており、少子化の現状は継続し続けている。わが国は、少子化社会であると同時に、女性労働率も非常に低いといった、多数の課題を有している状態にある。少子高齢化に歯止めをかけ、50年後も人口1億人を維持し、家庭・職場・地域で誰もが活躍できる社会を目指すという「一億総活躍社会」[1]の実現にはほど遠い現状である。

---

1)　2015（平成27）年10月、安倍首相が次の3年間を「アベノミクスの第2ステージ」と位置付け、「一億総活躍社会」を目指すと宣言した。これは、少子高齢化に歯止めをかけ、50年後も人口1億人を維持し、家庭・職場・地域で誰もが活躍できる社会を目指すというものである。具体的には、同時に発表したアベノミクスの新しい「3本の矢」を軸に、経済成長、子育て支援、安定した社会保障の実現を目指している。

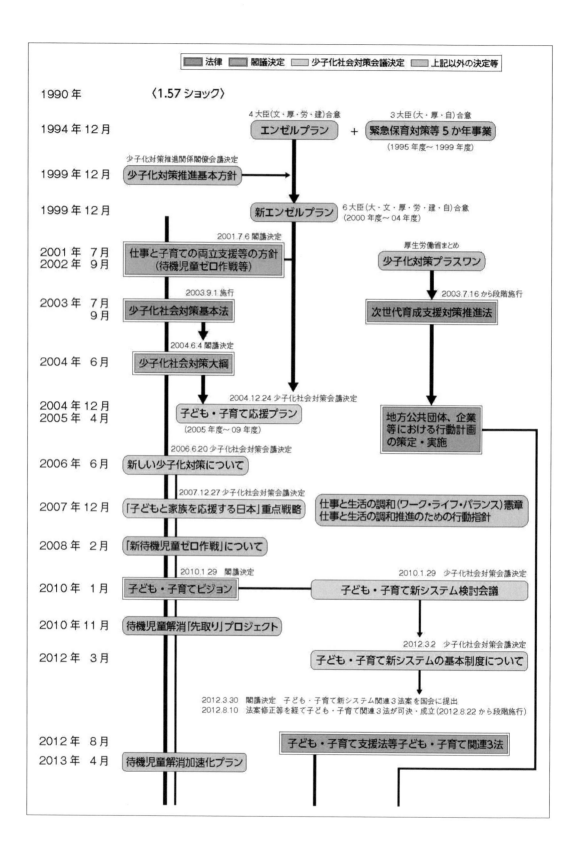

| | | | 法律 | | 閣議決定 | | 少子化社会対策会議決定 | | 上記以外の決定等 |

1990 年　〈1.57 ショック〉

1994 年 12 月
4大臣(文・厚・労・建)合意
エンゼルプラン
＋
3大臣(大・厚・自)合意
緊急保育対策等 5 か年事業
(1995 年度〜 1999 年度)

1999 年 12 月
少子化対策推進関係閣僚会議決定
少子化対策推進基本方針

1999 年 12 月
新エンゼルプラン
6大臣(大・文・厚・労・建・自)合意
(2000 年度〜 04 年度)

2001 年 7 月
2002 年 9 月
2001.7.6 閣議決定
仕事と子育ての両立支援等の方針
(待機児童ゼロ作戦等)
厚生労働省まとめ
少子化対策プラスワン

2003 年 7 月
**　　　 9 月**
2003.9.1 施行
少子化社会対策基本法
2003.7.16 から段階施行
次世代育成支援対策推進法

2004 年 6 月
2004.6.4 閣議決定
少子化社会対策大綱

2004 年 12 月
2005 年 4 月
2004.12.24 少子化社会対策会議決定
子ども・子育て応援プラン
(2005 年度〜 09 年度)
地方公共団体、企業
等における行動計画
の策定・実施

2006 年 6 月
2006.6.20 少子化社会対策会議決定
新しい少子化対策について

2007 年 12 月
2007.12.27 少子化社会対策会議決定
「子どもと家族を応援する日本」重点戦略
仕事と生活の調和(ワーク・ライフ・バランス)憲章
仕事と生活の調和推進のための行動指針

2008 年 2 月
「新待機児童ゼロ作戦」について

2010 年 1 月
2010.1.29 閣議決定
子ども・子育てビジョン
2010.1.29 少子化社会対策会議決定
子ども・子育て新システム検討会議

2010 年 11 月
待機児童解消「先取り」プロジェクト

2012 年 3 月
2012.3.2 少子化社会対策会議決定
子ども・子育て新システムの基本制度について

2012.3.30 閣議決定 子ども・子育て新システム関連3法案を国会に提出
2012.8.10 法案修正等を経て子ども・子育て関連3法が可決・成立 (2012.8.22 から段階施行)

2012 年 8 月
子ども・子育て支援法等子ども・子育て関連3法

2013 年 4 月
待機児童解消加速化プラン

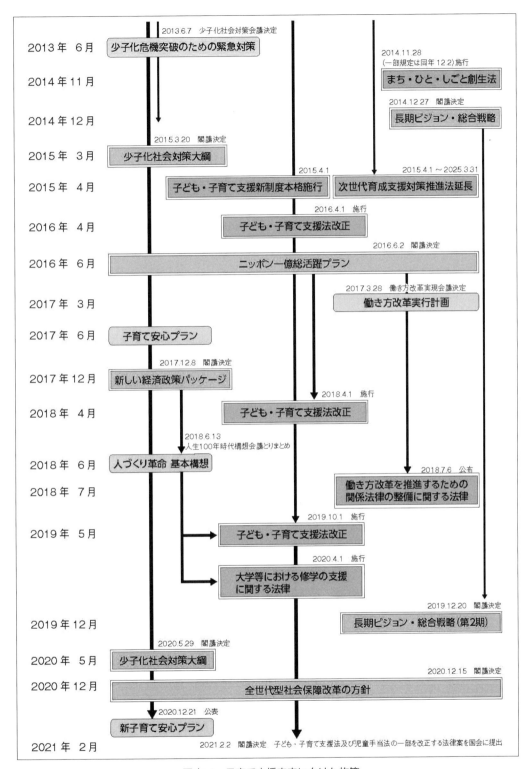

2013 年　6 月	2013.6.7　少子化社会対策会議決定 少子化危機突破のための緊急対策		
2014 年 11 月			2014.11.28 (一部規定は同年 12.2) 施行 まち・ひと・しごと創生法
2014 年 12 月			2014.12.27　閣議決定 長期ビジョン・総合戦略
2015 年　3 月	2015.3.20　閣議決定 少子化社会対策大綱		
2015 年　4 月	2015.4.1 子ども・子育て支援新制度本格施行	2015.4.1 ～ 2025.3.31 次世代育成支援対策推進法延長	
2016 年　4 月	2016.4.1　施行 子ども・子育て支援法改正		
2016 年　6 月	ニッポン一億総活躍プラン　2016.6.2　閣議決定		
2017 年　3 月		2017.3.28　働き方改革実現会議決定 働き方改革実行計画	
2017 年　6 月	子育て安心プラン		
2017 年 12 月	2017.12.8　閣議決定 新しい経済政策パッケージ		
2018 年　4 月	2018.4.1　施行 子ども・子育て支援法改正		
2018 年　6 月	2018.6.13 人生100年時代構想会議とりまとめ 人づくり革命 基本構想		
2018 年　7 月		2018.7.6　公布 働き方改革を推進するための 関係法律の整備に関する法律	
2019 年　5 月	2019.10.1　施行 子ども・子育て支援法改正 2020.4.1　施行 大学等における修学の支援 に関する法律		
2019 年 12 月		2019.12.20　閣議決定 長期ビジョン・総合戦略(第2期)	
2020 年　5 月	2020.5.29　閣議決定 少子化社会対策大綱		
2020 年 12 月	全世代型社会保障改革の方針　2020.12.15　閣議決定		
2021 年　2 月	2020.12.21　公表 新子育て安心プラン 2021.2.2　閣議決定　子ども・子育て支援法及び児童手当法の一部を改正する法律案を国会に提出		

図序-1　子育て支援充実に向けた施策

内閣府「少子化社会対策白書」(令和3年版)

http://www8.cao.go.jp/shoushi/shoushika/whitepaper/measures/w-2019/r01pdfhonpen/pdf/s2-1-3.pdf

(2021年11月16日確認)

それでは、少子化の原因は何かというと、一つには晩婚化、非婚化、あるいは結婚しても子どもを持たない選択の増加があげられる。つまり、経済的理由等から出産を控える傾向にある。これは、子育てにかかる費用が高いこと、核家族化のため子育てへの手助けが無いと考えてしまうこと、子育てと仕事の両立が困難な社会であること、などが要因として考えられる。少子化対策として、1990（平成2）年の1.57ショック、つまり女性が一生に産む子どもの平均数をあらわす合計特殊出生率が、当時過去最低の1.57であることが判明したのが1990（平成2）年であるが、それ以来様々な対策が講じられてきたものの、いまだ成果が十分には出ていない。2016（平成28）年の合計特殊出生率は1.44で、1.57ショックの頃の水準にすら回復していない。

　1994（平成6）年「エンゼルプラン」、1999（平成11）年「新エンゼルプラン」からはじまり、2010（平成22）年には「子ども・子育てビジョン」が策定された。そこでは、「子どもと子育てを応援する社会」として、家族や親が子育てを担う（個人の加重な負担）社会から社会全体で子育てを支える（個人の希望の実現）社会をめざすことを目的としている。めざすべき社会への政策として、①子どもの育ちを支え、若者が安心して成長できる社会へ、②妊娠、出産、子育ての希望が実現できる社会へ、③多様なネットワークで子育て力のある地域社会へ、④男性も女性も仕事と生活が調和する社会へ（ワーク・ライフ・バランスの実現）、の4つの柱をまとめ12の主要施策を閣議決定した（2010（平成22）年1月29日）。

　その後、2012（平成24）年8月に「子ども・子育て支援法」「認定こども園法の一部改正」「子ども・子育て支援法及び認定こども園法の一部改正法の施行に伴う関係法律の整備等に関する法律」の「子ども・子育て関連3法」が成立し、これに基づく「子ども・子育て支援新制度」が2015（平成27）年4月より本格実施されている。

　2016（平成28）年6月2日に、あらゆる場で誰もが活躍できる、全員参加型の社会を目指すため「ニッポン一億総活躍プラン」が閣議決定された。①【成長と分配の好循環メカニズムの提示】では、子育て支援と介護の基盤強化をすること、子育てや介護をしながら仕事を続けることを可能とすることで労働参加を拡大し潜在成長率の底上げを図るという好循環を提示し、希望出生率1.8を目指すとしている。②【働き方改革】では、長時間労働は、仕事と子育ての両立を困難にし、女性のキャリア形成を拒む原因であること等が指摘されている。③【子育て・介護の環境整備】では、保育士の処遇改善や、放課後児童クラブの受け皿整備を掲げている。④【すべての子供が希望する教育を受けられる環境の整備】では、家庭の経済事情等により教育や大学進学率に格差が生まれないよう、奨学金等の充実が指摘されている。⑤【「希望出生率1.8」に向けたその他取組】では、女性の活躍は、一億総活躍の中核であることが強調されている。その他、⑥【「介護離職ゼロ」に向けたその他取組】、⑦【「戦後最大の名目GDP600兆円」に向けた取組の方向】、⑧【10年先の未来を見据えたロードマップ】がある。

　2017（平成29）年6月22日には、「子育て安心プラン」が制定され、①【待機児童を解

消】、つまり国としては、東京都をはじめ意欲的な自治体を支援するため、待機児童解消に必要な受け皿約22万人分の予算を2018（平成30）年度から2019（平成31・令和元）年度末までの２年間で確保する、②【待機児童ゼロを維持しつつ、５年間で「M字カーブ[2]」を解消】、つまり「M字カーブ」を解消するため、2018（平成30）年度から2022（令和4）年度末までの５年間で女性就業率80％に対応できる約32万人分の受け皿を整備することを掲げた。

　2017（平成29）年12月8日には「新しい経済政策パッケージ」が閣議決定され、【人づくり革命】では、①幼児教育の無償化、②待機児童の解消、③高等教育の無償化、④私立高等学校の授業料の実質無償化の他、合計９つのポイントが指摘された。ここでは、「現行の子ども・子育て支援新制度においては、仕事と子育ての両立は、労働力確保に資するものであり、社会全体で取り組むべき課題であることから、企業主導型保育事業などについては、事業主が拠出する子ども・子育て拠出金が充てられている。本経済政策パッケージに必要な財源については、社会全体で子育て世代を支援していくとの大きな方向性の中で、個人と企業が負担を分かち合う観点から、消費税率引上げによる増収分の使い道を見直して活用するとともに、経済界に対しても応分の負担を求めることが適当である」とされ、子育てが社会全体で取り組むべき課題であることが強調されている。

　「新子育て安心プラン」では、2021（令和3）年度から2024（令和6）年度末までの４年間で約14万人分の保育の受け皿を整備することにより、できるだけ早く待機児童の解消を目指すとともに、女性（25～44歳）の就業率の上昇に対応していくことをかかげている。

　そして、1. 地域の特性に応じた支援、2. 魅力向上を通じた保育士の確保、3. 地域のあらゆる子育て資源の活用を柱として、各種取組を推進していく、とされている。1. 地域の特性に応じた支援では、「保育ニーズが増加している地域への支援」「マッチングの促進が必要な地域への支援」「人口減少地域の保育の在り方の検討」などが、2. 魅力向上を通じた保育士の確保では、「保育補助者の活躍促進」「短時間勤務の保育士の活躍促進」「保育士・保育所支援センターの機能強化」などが、3. 地域のあらゆる子育て資源の活用では、「幼稚園の空きスペースを活用した預かり保育や小規模保育」「ベビーシッターの利用料助成の非課税化」「企業主導型ベビーシッターの利用補助の拡充」「育児休業等取得に積極的に取り組む中小企業への助成事業の創設」などが支援のポイントとされている。

2）　女性の労働力率（15歳以上人口に占める労働力人口（就業者＋完全失業者）の割合）が、結婚・出産期に当たる年代に一旦低下し、育児が落ち着いた時期に再び上昇するという現象を、M字カーブという。そして近年では、M字の谷の部分が浅くなってきている。

したがって、我が国においては、女性であっても就労を希望しているのであれば就労可能にしていくことが重要である。また、こうした環境づくりは出生率の増加にもつながり、生産年齢人口の増加に寄与する可能性もある。またこのほか、働く意欲のある高齢者や障がい者の就労の機会を拡大していくことも、同じく労働力人口の増加に寄与する可能性があるため重要といえる。

（小宅　理沙）

▶ 参考文献

厚生労働省「ニッポン一億総活躍プラン等について」参考資料、2016年

厚生労働省「「子育て安心プラン」について」資料7、2017年

厚生労働省「「新しい経済政策パッケージ」について」資料3-1、2017年

子どもの権利

●第1節　児童の権利に関する条約と日本における子どもの権利

1　児童の権利に関する条約の制定まで

　児童の権利を擁護するための取り組みは世界で古くから続けられてきたが、20世紀初頭からその動きがますます盛んになった。1900（明治33）年、スウェーデンのエレン・ケイは『児童の世紀』を著し、平和な社会を実現して20世紀を児童の世紀としなければならないことを主張した。1909（明治42）年には第1回ホワイトハウス会議が、当時のアメリカ大統領セオドア・ルーズベルトによって開催されたこともその動きの1つである。この会議では「家庭生活は文明所産の最も高く美しい創造物である。児童は緊急止むを得ない場合のほか家庭から切り離してはならない」という原則が宣言された。

　このような動きがある一方、1914（大正3）年に第一次世界大戦が勃発し、ヨーロッパを中心に1918（大正7）年にかけて戦いが繰り広げられた。戦争において子どもをはじめとする多くの人々の人権が危機にさらされた。

　第一次世界大戦の反省にたって戦後創設された国際連盟においては、1924（大正13）年に「児童の権利に関するジュネーブ宣言」が採択された。この宣言は、人類が児童に対して最善のものを与えるべき義務を負うことなどを謳っていた。

　しかし、戦後の不況は深刻化し、経済的な打開の道を探る中で国際紛争も発生していた。ついに1939（昭和14）年にはヨーロッパから再び戦争が始まり、これが第二次世界大戦となり、ヨーロッパのみならず太平洋にも戦線が拡大し、1945（昭和20）年に終結した。この戦争では、前線だけではなく市街地でも戦闘行為が繰りひろげられ、空襲等も多く行われた。多くの子どもたちが戦闘に巻き込まれ死傷したほか、戦災孤児も大量に発生した。

　戦後、戦争の発生を防ぐことと人権を確保することを目的として、国際連合（国連）が創設された。国連では児童の権利にも関心が払われてきた。そして、「児童の権利に関する宣言」（児童権利宣言）が1959（昭和34）年に国連総会で採択された。しかし、これは未だ「宣言」にとどまり、子どもに対して権利を法的に保障するものではないという限

界があった。その後、児童権利宣言採択から20年を記念して、1979（昭和54）年を国際児童年とした。

2　児童の権利に関する条約

（1）条約の成立と児童の定義

　「児童の権利に関する宣言」の30周年にあたる1989（平成元）年に「児童の権利に関する条約」が、国連総会で採択された。この条約は、18歳未満のすべての者の保護と基本的人権の尊重を促進することを目的としている。日本は1990（平成2）年に署名し、1994（平成6）年に批准した。この条約は、前文と54か条からなる。2021（令和3）年8月時点で、197の国・地域がこの条約を結んでいる。

　この条約では、18歳未満のすべての者が児童とされている（第1条）。

（2）締約国の責任と義務[1]

　この条約の第2条第1項では「差別の禁止」が明記されている。

> 第2条　締約国は管轄下にある児童に対して、児童本人やその父母などの人種、皮膚の色、性、言語、宗教、政治的意見、その他の意見、国民的・種族的・社会的出身、財産、心身障害、出生又は他の地位にかかわらず、差別なく条約に定められた権利を尊重・確保する。

　第4条では「措置」について触れられている。

> 第4条　締約国は、児童の父母などの権利義務を考慮に入れて、児童の福祉に必要な保護と養護を確保するため、適当な立法上・行政上の措置をとることとされている。その範囲については、経済的・社会的・文化的権利について自国で最大限利用可能な範囲で措置を講ずる。

　第5条では「親、その他の者の指導」について触れられている。

> 第5条　締約国は、児童がこの条約上の権利を行使するにあたり、父母などが児童の能力に適合させて指示・指導する責任や権利・義務を尊重する。

---

1)　条文は、「児童の権利に関する条約」を参考にし、筆者がまとめた。

第6条では「生命・生存・発達権」について明記されている。

> 第6条　締約国は、児童の生命の固有の権利を認めて、児童の生存・発達を最大限
> の範囲で確保する。

そして、第18条第2項では、条約に定める権利を保障し及び促進するため、「親と国
の責務」が明記されている。

> 第18条2　締約国は、父母等が児童の養育についての責任を遂行するにあたって適
> 当な援助を与えること、児童の養護のための施設などの提供の発展を確保する。

（3）児童の最善の利益[2]

児童の権利に関する条約の大きな特徴に「児童の最善の利益」が謳われていることが
ある。

第3条第1項では、下記のように規定されている。

> 第3条1　児童に関するすべての措置をとるに当たっては、公的若しくは私的な社
> 会福祉施設、裁判所、行政当局又は立法機関のいずれによって行われるものであっ
> ても、児童の最善の利益が主として考慮されるものとする。

（4）日本での取り組み

日本政府は条約の取り組み状況について、2017（平成29）年、児童の権利に関する条
約第4・5回日本政府報告を行っている。この中の「条約の諸規定の実施のための一般的
措置」で、我が国が「本条約の精神を踏まえて、児童の権利の保護・促進に努力してきて
いる」としている。

（5）保護者の責任[3]

第18条第1項では、児童の養育及び発達についての「保護者の責任」も定めている。

> 第18条1　締約国は、児童の養育・発達について父母が共同の責任を有する原則に
> ついての認識を確保するために最善の努力を払うこととされている。父母等は、
> 児童の養育・発達についての第一義的な責任を有する。児童の最善の利益は、基
> 本的な関心事項とする。

2）　1）に同じ。

3）　同上。

（6）児童の権利⁴⁾

　児童の権利としては次のようなものがある。

　第19条第1項では「虐待、放任からの保護」について明記されている。

> 第19条1　児童が父母などの監護を受けている間、あらゆる形態の身体的・精神的
> な暴力・傷害・虐待や放置・怠慢な取扱い、不当な取扱い・搾取から児童を保護
> するため適当な措置をとる。

　その一方で、家庭環境を奪われた児童や児童自身の最善の利益から家庭にとどまることが適切ではない児童については、第20条第1項で、「特別の保護及び援助を受ける権利を有する」とされている。

　保護だけではなく、児童の能動的な権利についても規定している。まず、意見表明権である。自己の意見を作る力のある児童は自分に影響を及ぼすすべての事柄について自由に意見を表明する権利がある。その表明した意見は、年齢・成熟度に従って相応に考慮される（第12条第1項）。このほか、表現の自由の権利（第13条第1項）、思想・良心・宗教の自由についての児童の権利の尊重（第14条第1項）、結社の自由や平和的な集会の自由についての権利（第15条第1項）も定められている。

3　日本における子どもの権利

　「日本国憲法」にも、子どもの権利をも規定していると考えられる条文がある。第13条は、幸福追求権と言われ、国民は個人として尊重されること、生命・自由・幸福追求に対する国民の権利を定めている。第25条は生存権規定であり、国民が健康で文化的な最低限度の生活を営む権利を有することを定めている。第26条も、国民が能力に応じてひとしく教育を受ける権利を有することを規定している。

　1947（昭和22）年に制定された「児童福祉法」は、第1条から第3条で児童の権利に関する原理を示している。

　まず第1条で、「全て児童は、児童の権利に関する条約の精神にのつとり、適切に養育されること、その生活を保障されること、愛され、保護されること、その心身の健やかな成長及び発達並びにその自立が図られることその他の福祉を等しく保障される権利を有する」ことを規定する。次いで序章でも指摘されているが、「全て国民は、児童が良好な環境において生まれ、かつ、社会のあらゆる分野において、児童の年齢及び発達の程度に応じて、その意見が尊重され、その最善の利益が優先して考慮され、心身ともに健やかに育成されるよう努めなければならない」こと（第2条第1項）、「児童の保護者は、

---

4)　1)に同じ。

児童を心身ともに健やかに育成することについて第一義的責任を負う」こと（第2条第2項）、「国及び地方公共団体は、児童の保護者とともに、児童を心身ともに健やかに育成する責任を負う」こと（第2条第3項）を定めている。そしてこれらの規定が、児童の福祉を保障するための原理であり、「児童福祉法」だけではなく、すべて児童に関する法令の施行にあたって常に尊重されなければならないとしている（第3条）。

　1951（昭和26）年のこどもの日には「児童憲章」が制定された。「児童憲章」は、3つの基本綱領と本文12条からなる。3つの基本綱領は「児童は、人として尊ばれる。児童は、社会の一員として重んぜられる。児童は、よい環境の中で育てられる。」である。簡潔な文の中に児童の権利擁護が謳われている。

●第2節　児童福祉施設における子どもの権利擁護

　児童福祉施設に関しては、これまでも施設数やその設備面の整備が進められてきたがまだまだ充足しているとはいいがたい。あわせて児童福祉施設での子どもの権利擁護のための仕組み作りにも取り組まれている。これも徐々に整ってきている。それら取り組みのうち、ここでは苦情解決制度、自己評価・第三者評価事業、懲戒に係る権限の濫用禁止などについて解説する。

1　苦情解決制度

　児童福祉施設は、入所児童や保護者等からの苦情に迅速適切に対応するために、苦情を受け付けるための窓口を設置する等の必要な措置を講じなければならない。例えば、「児童養護施設運営指針」の中に、「子どもが意見や苦情を述べやすい環境」という項目がある。

　そこでは、次のように定められている。

（1）子どもが相談したり意見を述べたりしたい時に相談方法や相談相手を選択できる環境を整備し、子どもに伝えるための取り組みを行う。

（2）苦情解決の仕組みを確立し、子どもや保護者等に周知する取り組みを行うとともに、苦情解決の仕組みを機能させる。

（3）子ども等からの意見や苦情等に対する対応マニュアルを整備し、迅速に対応する。

　苦情の処理体制としては、責任者は施設長、苦情受付窓口が主任指導員などの幹部職員となっている施設も少なくない。苦情処理窓口に申し出やすいかどうかということも

問題となる。入所児童の意見を的確に反映させるための体制作りと、その実効性の確保が求められている。

2 自己評価・第三者評価事業

　児童福祉施設において自らその取り組みを反省・評価することや、客観的立場から援助内容を見直してみることは、より良い施設運営のために欠かすことができない。

　自己評価・第三者評価については、法令で、各児童福祉施設とも「業務の質の評価を行うとともに、定期的に外部の者による評価を受けて、それらの結果を公表し、常にその改善を図らなければならない」とされている（例えば、乳児院について「児童福祉施設の設備及び運営に関する基準」第24条の3）。

　同じように、「児童養護施設運営指針」には「評価と改善の取組」という項目がある。
そこでは、

> （1）施設運営や養育・支援の内容について、自己評価、第三者評価等、定期的に
> 　　　評価を行う体制を整備し、機能させる。
> （2）評価の結果を分析し、施設として取り組むべき課題を明確にし、改善策や改
> 　　　善実施計画を立て実施する。

ということを求めている。

　評価はその施設の課題を明らかにし、機能を改善するために大切な役割を担っているといえる。

3 懲戒に係る権限の濫用禁止

　これまでも児童福祉施設に通所・入所している児童に対する、行き過ぎた指導が問題となったことが少なくない。あるいは逆に、現場の職員の立場から、懲戒として許容される範囲はどこまでか明らかにしてほしいという希望もあった。これらに対応すべく、1998（平成10）年には、厚生省（当時）から「懲戒に係る権限の濫用禁止について」という通達が出されている。

　この通達によれば、児童福祉施設の長は、「児童福祉法」第47条第3項により懲戒に係る権限が与えられているが、それは児童を心身ともに健やかに育成することを目的として権限が付与されているのであって、懲戒行為の方法や程度が、懲戒目的を達成するために必要な範囲を超える場合には権限の濫用に当たることがはっきりと示されている。

　そして、懲戒に係る権限の濫用に当たる具体的な例として、個別具体の行為が懲戒に係る権限の濫用に当たるかどうかについては、①児童の年齢、②健康及び心身の発達の状況、③当該児童と職員との関係、④当該行為の行われた場所及び時間的環境等の諸条

件、を勘案して判断すべきことが示されている。

　他方、本人が強度の自傷行為をしていたり、他の児童・職員等への加害行為を制止するなどの必要があって、危険を防いだり、本人や他人を保護するために強制力を加える行為は、懲戒に係る権限の濫用に当たらないことも明示している。職員が懲戒権の濫用を主張されることを恐れて必要な秩序の維持ができなくなることも少なくない。これを防ぐためにも、通達ではっきりさせることは必要と考えられる。

4　権利擁護のための法令など

　児童福祉施設における子どもの権利擁護のため、「児童福祉法」や「児童虐待の防止等に関する法律」をはじめ、「児童福祉法施行令」「児童福祉法施行規則」「児童福祉施設の設備及び運営に関する基準」「児童福祉法に基づく指定障害児入所施設等の人員、設備及び運営に関する基準」など、多くの法令・通達が作られている。

　このように、制度面では体系的なものができているので、今後はその運用を適切にして、児童福祉施設における子どもの権利擁護が一層図られることが求められている。

（今井　慶宗）

▶ 参考文献

大曽根寛編『社会福祉と権利擁護』放送大学教育振興会、2012年

井村圭壯・相澤譲治編『総合福祉の基本体系』〈第2版〉勁草書房、2013年

井村圭壯・相澤譲治編『保育と社会的養護』学文社、2014年

<table>
<tr><td>第
2
章</td><td># 子ども家庭福祉の歴史</td></tr>
</table>

●第1節　諸外国（イギリス、アメリカなど）の子ども家庭福祉

1　古代・中世社会と児童福祉

　古代社会での児童の福祉は、共同体による保護・救済制度として、すでに原初的な制度が整備されていた。その後、ギリシャ・ローマなどの古代国家の形成により、共同体が解体されると、階級社会の形成とともに国家による救済制度が誕生した。しかし、当時は、子どもは絶対的な家父長制度のもと、親の所有物のように扱われることが多く、子どもの人権や人格の尊重について論じられることは無いに等しい状況であった。

　中世社会では、封建制度による領主支配が行われ、そこに住む農民たちは、相互扶助による孤児や病人の救済を行っていた。一方、キリスト教会の修道院による貧民児童、孤児、病院への慈善救済活動も行われ、これが後の救貧院へと発展していくのである。

　商工業の発展による経済流通と、封建社会の崩壊による領主支配が弱体化していくと農民たちの相互扶助機能も弱体化し、さらに16世紀になり毛織物工業が盛んになると領主が農民に畑を貸すよりは、羊を飼い牧場にしたほうがよいという「囲い込み」が多発した。これにより農民が農地より追い出され大量の貧民が発生し、ロンドンなどの大都市にも大量の貧民・浮浪者が発生した。この状況に対応するためイギリスでは、乞食の禁止、労働力がある者への就労の強制、児童の分野においては孤児・貧民児童の徒弟労働を制度化する貧民救済対策が採られた。

2　近世社会と児童福祉

　1601（慶長6）年にイギリスで制定された「エリザベス救貧法」は、その後、1834（天保3）年の「新救貧法」の制定を経て、1948（昭和23）年の「国民扶助法」が制定されるまでイギリスの貧民救済制度の中核を占めていた。この「新救貧法」は、教区を単位としながら、貧民や貧民児童の就業に重点がおかれたが、両親による扶養ができない児童に対しては、幼少の者は里親に預け、8歳以上の場合は男子24歳、女子21歳、または結婚までの間、

男子は徒弟奉公、女子は家事使用人などによって労働に従事させながら職業的訓練を施し、職人としての技能を身に付けさせていた。この教区の徒弟奉公には、親方に児童を強制的に預ける強制的徒弟と、教区が教区外の親方に謝礼を払って委ねる自発的徒弟があり、後者は徒弟期間を終えるとそのまま徒弟先の居住権を得ることができた。1722（享保7）年に制度化された「ワークハウステスト法」は、孤児や貧困児童等を労役場で集団として雇用していたが、「第2の牢獄」と呼ばれるなど悲惨な状態であった。その弊害を批判し、自らも遺棄児養育院の建設や里親委託によって児童の救済に努力したハンウェイがロンドンで行った調査によると、1750〜55（寛延3〜宝暦5）年に労役場で出生、またはそこに収容された児童2,399人のうち、1,074人はすぐに母親のもとに返されたが、その残りのうち、1755（宝暦5）年での存命者は僅かに168人に過ぎなかった。

18世紀後半から、ヨーロッパでは産業革命が起こり、機械による工場での生産へと変化するなかで、熟練労働者も必要なくなり、賃金が安く雇用できる児童や女性が労働力として用いられるようになった。危険で不衛生な環境のなかで、幼い子どもまでもが長時間の作業に従事し、伝染病や栄養失調などで亡くなるものが絶えなかった。この惨状に対し、イギリス議会の児童労働調査員が問題の声をあげ、1802（享和2）年には、教区徒弟の健康及び道徳の保持に関する法律として、「工場法（徒弟法）」が制定された。これにより児童の1日の労働時間は12時間以内となった。

この時代、児童の権利思想も大きく発展し、その代表的なものとしては、フランスの思想家ルソーの著書『エミール』がある。彼はこの著書のなかで、主体的・能動的な生活者としての子どもの成長を主張している。

また、スコットランドの紡績工場の経営者のロバート・オーエンは、1816（文化13）年に生涯教育構想に基づく「性格形成学院」を始め、特に乳幼児の教育を重視し、後の保育所にも大きな影響を与えた。これらの活動により1833（天保4）年の「工場法」では、最低雇用年齢を9歳とし、13歳未満の児童の最長労働時間を8時間とし、児童の夜間労働を禁止し、加えて、工場で働くすべての児童に対して1日2時間の通学を義務づけるなど、雇用と教育への改善と進歩が見られる。

1870（明治3）年になると、バーナードが小舎制によるビレッジホーム（バーナードホーム）を建設し、これまで各地で行われていた大規模収容施設による貧困児童の保護の弊害を防止する取り組みが試みられた。また、バーナードは里親による養育にも熱心に取り組み、彼の取り組みは、後のイギリスの里親制度の原型となった。一方、アメリカでは1874（明治7）年に児童の保護を目的とした児童虐待防止協会が創設され、続いてイギリスでは、1883（明治16）年に児童虐待防止協会が結成され、1889（明治22）年には「児童虐待防止及び保護法」が成立した。

3　20世紀初頭から両大戦期間の児童福祉

　20世紀に入ると、児童の身体や精神の発達について科学的な理解も行われるようになった。例えば、スウェーデンのエレン・ケイは、1900（明治33）年にその著書『児童の世紀』で、子どもの自発性を基礎とする教育方法を主張し、"20世紀を子どもの世紀に"というスローガンを打ち立てた。またJ.デューイは、子どもの生活体験を重視する教育論を展開し、1908（明治41）年には、これまでの児童保護の関連制度を整理・統合した「児童法」が制定された。イギリスの「児童憲章」と呼ばれるこの法は、①里親制度の規制、②児童虐待の防止、③非行少年刑務所の設置、④乳幼児と母性保護のための診療所の設置、を骨子とした。これにより、両親による児童の健康の無視が非合法となり、児童の福祉問題は社会全体の責任として規定されるなど、児童の法的権利が明確化された。

　1922（大正11）年には、イギリスの児童救済基金団体連合会によって「世界児童憲章」が発表され、権利の主体としての児童の価値が強調され、1924（大正13）年には、第一次世界大戦における児童に及ぼした影響を踏まえて、「ジュネーブ宣言」として知られる「児童権利宣言」が採択された。

　アメリカでは、1909（明治42）年にセオドア・ルーズベルト大統領によって「児童のための第1回ホワイトハウス会議」が開催された。この会議では、児童労働、義務教育、要保護児童の問題について、家庭生活の重要性を中心に国家的課題として取り組むべき決定がなされた。これが契機となって、1912（大正元）年には、連邦児童局が創設され、1919（大正8）年に「アメリカ児童福祉連盟」が結成された。ホワイトハウス会議は以後約10年ごとに歴代大統領によって開かれ、特に1930（昭和5）年の第3回ホワイトハウス会議では「アメリカ児童憲章」が採択された。

4　第二次世界大戦後から現代までの子ども家庭福祉

　1948（昭和23）年にイギリスで制定された「児童法」は、1945（昭和20）年に里子に出された13歳の少年が、里親の放任で悲劇的な死を遂げたことがきっかけとなった。この事件後、「正常な家庭生活を奪われた子どもの養育の方法」を調査するため「児童養育委員会」（通称：カーティス委員会）が結成され、翌1946（昭和21）年に報告書を提出し、政府の責任による広範で統一された保護の必要性を提起した。また、第二次世界大戦は、戦災による、家族を失って生活する児童の身体的・精神的発達に対する研究が多く行われた。

　そのなかで注目すべきものとして、ボウルビィが世界保健機関（WHO）の要請で行った研究がある。ボウルビィが、1951（昭和26）年に発表した「乳幼児の精神衛生」と題する論文では、児童が母親から引き離されて、施設で集団養護を受けることの発達上の悪影響を指摘し、児童の福祉に対する関心は、施設をつくることではなく、家庭の保護、

家庭の崩壊の防止に向けられるべきであると主張した。これにより各国の児童養護は大きな影響を受け、要養護児童の里親委託、ファミリーグループホームにおける養護・小舎制養護を発展させた。

1959（昭和34）年には、国連第14回総会において「児童の権利に関する宣言」が採択され、児童の出生権、生存権、発達権、幸福追求権、教育権など、現在用いられている児童の権利が宣言された。また、1979（昭和54）年を「国際児童年」と定め、1989（平成元）年には、子どもの最善の利益の確保を中心として、親や家族の重要性、特別な保護や配慮の必要性など、子ども固有の権利を詳細に規定した「児童の権利に関する条約」が国連総会で採択された。

●第2節　日本の子ども家庭福祉

1　古代・中世・近世社会の児童福祉

わが国における児童福祉では、聖徳太子が四天王寺に建立した四箇院の一つである悲田院が有名である。ここでは孤児や窮民の収容保護を行うなど、わが国の児童救済事業の源流となっている。723（養老7）年には、光明皇后の悲田院、764（天平宝字8）年の藤原仲麻呂の乱の後に行った和気広虫（わけのひろむし）の捨て子養育など、太子の精神を受け継いだ活動が行われたが、いずれも仏教思想に基づく慈善救済の思想が背景となっている。

1192（建久3）年、鎌倉に武家政権が成立し、中世封建社会が始まったが、当時の状況として、この封建社会の形成により主従の間、親子の間での絶対的服従関係が要請されていった。また、領民は領主の庇護と搾取の中で細々とした生活を営んでいたが、いったん戦乱や災害、凶作に見舞われると大量の浮浪者を生み出すことになり、口べらしのための堕胎、捨て子、子女の身売りなどが後を絶たない状況であった。

室町時代後期の1556（天文25）年には、豊後の大友宗麟が捨て子の救済のための育児院を建て、ポルトガルの貿易商ルイス・デ・アルメイダを院長にあて、西洋医学の知識に基づく医療活動並びに救済活動を行った。

江戸時代は、封建体制がほぼ完成したが、民衆は幕府や藩の搾取に苦しみ、堕胎、間引き、捨て子なども後を絶たなかった。そういったなか、幕府は1690（元禄3）年に「棄児禁止の布令」を出し、「実子を捨てた者は流罪、もらい子を捨てた者は獄門、そして絞殺した者は引き回しの上、はりつけにする」という厳しいもので、さらに1767（明和4）年には「間引き禁止令」を出し、出産に村役人を立ち会わせるなどの方法で間引きを防ごうとした。

また、江戸時代の末期には農政学者の佐藤信淵が『農政本論』を著し、子殺し、子捨てなどを引き起こす農民の困窮は、諸藩の政策の貧しさにあると説き、『垂統秘録』では

国家による統一した制度での児童保護施設として貧民の乳児を保護する「慈育館」、児童の遊びを重視し保護する「遊児廠」の設置を提言した。これは現在の乳児院や保育所に相当するもので、実現こそしなかったものの佐藤の構想は当時としては卓越したものであった。

2　明治・大正・昭和初期の児童福祉

　明治期の児童福祉は、1868（明治元）年の「堕胎禁止令」から始まった。これは江戸時代から禁止されていた堕胎、間引きをさらに厳しく取り締まることをねらいとしていた。

　明治期には、民間の慈善事業も広がり、その先駆としては、1869（明治2）年に松方正義によって大分県で設立された「日田養育館」があり、ここでは孤児・病児の養育から堕胎、嬰児殺しの防止活動まで行われた。次いで1872（明治5）年には、フランスの修道女ラクロットにより「和仏学校」が設立され、外国人の教育と日本人孤児の養育が行われた。1874（明治7）年には、長崎県でカトリック信者である岩永マキにより「浦上養育院」が設立された。これは彼女が孤児との共同生活を始めたことがきっかけであった。1875（明治8）年には「築地孤児院」が、1879（明治12）年には仏教慈善団体による「福田会育児院」がそれぞれ東京に設けられ、翌1880（明治13）年には大阪で「棄児愛育社」が仏教系の育児施設として設立された。

　そして1887（明治20）年には、プロテスタントであり、わが国の代表的な社会保護事業家である石井十次が「岡山孤児院」を開設した。石井はバーナード・ホームの活動を参考にしながら、孤児を10人ほどの小集団家族に分けて小寮舎に住まわせたり里親制度をいち早く取り入れたりするなど、近代的な施設として先駆的役割を果たした。さらには親子関係が維持できる通園施設の必要を痛感し、愛染橋保育所を大阪に開設した。

　1899（明治32）年には、留岡幸助が東京の巣鴨に「家庭学校」を創設した。これは、アメリカの非行児童の教育を学んだ留岡が、小舎夫婦制の家庭主義教育を取り入れたもので、「少年をして能く働かしむるとともに、能く食わせ、能く眠らしむる」という三能主義による生活指導、教育、職業訓練が行われた。その後、北海道にも分校を設立し、「北海道家庭学校」としてその指導と実践は今日にいたるまで続けられている。

　昭和に入ると世界大恐慌、東北・北海道の大凶作の影響を受けて様々な社会問題が発生した。例えば親子心中、人身売買、不良少年等の増加など、貧困がもたらす子どもの生活環境は劣悪なものであった。

　そのようななか、1929（昭和4）年には「救護法」が制定され、13歳以下の生活困窮者、妊産婦、乳児を抱える母子家庭などを児童保護の対象とし、孤児院が救護施設として法的に位置づけられることになった。1937（昭和12）年には13歳以下の子どものいる貧困母子家庭の救済や保護を目的とした「母子保護法」が制定されたが、この時期から太平洋戦争終結までは、戦時厚生事業として国家総動員体制に合わせた児童育成・人的資源の

確保が中心となり、児童保護は衰退の一途を辿ることになった。

3　戦後の児童福祉から現代の子ども家庭福祉

　1945（昭和20）年８月、太平洋戦争が終わったが、その被害は膨大なもので、親を失った戦災孤児は12万人を超え、家族も住む家もない浮浪児が街にあふれていた。このような状況に対して、1947（昭和22）年に「児童福祉法」が制定された。この法律は要保護児童のみを対象とした「児童保護」ではなく、すべての児童の健全育成事業の対策・強化とともに、児童福祉の積極的増進を図ることを目的とした。1951（昭和26）年には「児童憲章」が５月５日の「こどもの日」に制定された。「児童は、人として尊ばれる。児童は、社会の一員として重んぜられる。児童はよい環境のなかで育てられる」の前文で始まるこの憲章は、「日本国憲法」に基づく新しい児童観を打ち立てたことで大きな意義があった。

　戦後から高度経済成長を経ると、社会の変化とともに、家族のありよう、子育て支援に向けての課題も大きく変化してきた。1994（平成６）年には、「今後の子育て支援のための施策の基本的方向について（エンゼルプラン）」が策定され、その５年後の1999（平成11）年には、仕事と子育ての両立のための雇用環境の整備や母子保健医療体制の整備などに重点を置いた「新エンゼルプラン」が策定された。

　そして「児童福祉法」制定から50年後の1997（平成９）年には、「児童福祉法」の大改正が行われた。主な改正点は、①市町村の措置による保育所入所の仕組みを利用者（保護者）が保育所を選択できる仕組みにしたこと、②子どもや家庭に関する相談・援助・指導や児童相談所などとの連絡調整を総合的に行うための児童家庭支援センターを創設したこと、③学童保育を放課後児童健全育成事業として制度化したこと、④児童福祉施設の名称および機能を見直したこと、などが挙げられる。

　2000（平成12）年になると、深刻化する児童虐待に対応するため「児童虐待の防止等に関する法律」が制定され、2008（平成20）年の改正「児童福祉法」では、家庭的保育事業をはじめとした子育て支援事業の質を高めていくとともに、虐待を受けた子どもを社会的に養護していく体制の充実を目指した。このように、子ども家庭福祉は家庭を中心として、それを地域社会で支援していく体制が構築されるのである。

（伊藤　秀樹）

▶ 参考文献

桑原洋子『英国児童福祉制度史研究』法律文化社、1989年

小山路男『西洋社会事業史』光生館、1991年

星野政明他編『子ども家庭福祉論』黎明書房、2011年

子ども家庭福祉の制度

●第1節　児童福祉法

1　児童福祉法の歴史

　今日、児童をめぐる社会情勢はその困難さをより増した形で深刻化している。少子化の進行や児童虐待をめぐる問題、子どもの貧困に関する議論等、様々な社会問題と子どもは無縁ではいられない。

　このような状況のなか、子どもの福祉をめぐる議論の根幹に位置するのが「児童福祉法」である。

　「児童福祉法」は、第二次世界大戦終結後の1947（昭和22）年に制定、1948（昭和23）年に施行された、子どもの福祉に関する総合的かつ包括的な法律である。

　この法律は、制定当時、社会問題となっていた戦災孤児に代表される社会的養護が必要な子どもたちだけを対象にしたものではないところに特徴がある。「児童福祉法」は、改正前の条文では、その第1条において、児童福祉の理念を以下のように表現している。

第1条　すべて国民は、児童が心身ともに健やかに生まれ、且つ、育成されるよう努めなければならない。
2　すべて児童は、ひとしくその生活を保障され、愛護されなければならない。

　上記は、この法律の対象を、社会的に恵まれない一部の子どもたちだけでなく、すべての子どもとしていることを表している。

　「児童福祉法」は、全8章で構成されている。その内訳は、総則、福祉の保障、「事業、養育里親及び養子縁組里親並びに施設」、費用、国民健康保険団体連合会の「児童福祉法」関係業務、審査請求、雑則、罰則である。

　「児童福祉法」は、法施行後、長い間大きな改正はなかったが、1997（平成9）年に大

改正が行われた。

　1997（平成9）年の同法改正は、翌年からはじまる社会福祉基礎構造改革の先陣を切った出来事として人々に記憶されている。社会福祉基礎構造改革は、「措置から契約へ」の概念に代表されるように、福祉サービスの主体をサービス提供者の側からサービス利用者の側に変更を迫った、日本の社会福祉史に残る大きな出来事であった。

　それに先立ち、1997（平成9）年に行われた「児童福祉法」改正では、保育所利用の方法が、それまでの市町村による措置から、保護者が利用したい保育所を選択し、市町村に申し込みを行うという行政との契約方式（保育所方式）に改められた。

　同年における「児童福祉法」改正では、利用者の主体性を尊重するための試みとして、保育所利用方式の変更の他に、それまでの「教護院」を「児童自立支援施設」に、「母子寮」を「母子生活支援施設」に、「養護施設」及び「虚弱児施設」を「児童養護施設」にそれぞれ名称変更した。

　その後、「児童福祉法」は、2001（平成13）年に保育士資格の国家資格化や認可外保育施設への監督強化等の改正が行われた。

　2015（平成27）年度からはじまった子ども・子育て支援新制度では保育所、幼稚園、認定こども園を通じた共通の給付（施設型給付）が創設され、これら教育・保育施設を利用する手続きに変わった（保育所は行政との契約方式のままである）。近年においても、「児童福祉法」は社会情勢の変化に柔軟に対応するため、その姿を年々変化させている。近年における法改正として主なものを挙げると、2003（平成15）年の子育て支援事業法定化に関するものや、2004（平成16）年と2007（平成19）年に児童虐待防止のための対策を充実させるための法改正、2010（平成22）年の障害児支援に関する改正、2016（平成28）年の児童虐待対策の強化等があり、法の姿は変わりつつある。さらには、2019年（令和元）10月から幼児教育・保育の無償化がスタートし、幼稚園、保育所、認定こども園などを利用する3歳から5歳児クラスの子どもたち、住民税非課税世帯の0歳から2歳児クラスまでの子どもたちの利用料が無料となるなど、社会状況も日々めまぐるしく変化しつつある。

2　児童の定義

　「児童福祉法」において児童とは、「満18歳に満たない者」とされている。さらに、児童は、①乳児、②幼児、③少年、と分けられている。

　① 乳児…満1歳に満たない者
　② 幼児…満1歳から、小学校就学の始期に達するまでの者
　③ 少年…小学校就学の始期から、満18歳に達するまでの者

　また、「児童の権利に関する条約」においても、児童とは「18歳未満のすべての者」とされている。

　なお、「母子及び父子並びに寡婦福祉法」において児童とは「20歳に満たない者」とされており、「少年法」における「少年」も「20歳に満たない者」とされている。

3　子どもに関する施設の規定

　「児童福祉法」では、社会的養護を必要とする子どもたちのために様々な施設種別を設け、それぞれのニーズに対応した制度体系を整備している。ここでは、児童福祉施設を紹介していく。

（1）乳児院

　「児童福祉法」第37条に規定されている。「乳児（保健上、安定した生活環境の確保その他の理由により特に必要のある場合には、幼児を含む。）を入院させて、これを養育し、あわせて退院した者について相談その他の援助を行うことを目的とする施設」と定義されている。

（2）児童養護施設

　「児童福祉法」第41条に規定されている。「保護者のない児童（乳児を除く。ただし、安定した生活環境の確保その他の理由により特に必要のある場合には、乳児を含む。）、虐待されている児童その他環境上養護を要する児童を入所させて、これを養護し、あわせて退所した者に対する相談その他の自立のための援助を行うことを目的とする施設」と定義されている。

（3）母子生活支援施設

　「児童福祉法」第38条に規定されている。「配偶者のない女子又はこれに準ずる事情にある女子及びその者の監護すべき児童を入所させて、これらの者を保護するとともに、これらの者の自立の促進のためにその生活を支援し、あわせて退所した者について相談その他の援助を行うことを目的とする施設」と定義されている。

（4）児童自立支援施設

　「児童福祉法」第44条に規定されている。「不良行為をなし、又はなすおそれのある児童及び家庭環境その他の環境上の理由により生活指導等を要する児童を入所させ、又は保護者の下から通わせて、個々の児童の状況に応じて必要な指導を行い、その自立を支援し、あわせて退所した者について相談その他の援助を行うことを目的とする施設」と定義されている。

（5）保育所

「児童福祉法」第39条に規定されている。「保育を必要とする乳児・幼児を日々保護者の下から通わせて保育を行うことを目的とする施設」と定義されている。

（6）児童厚生施設

「児童福祉法」第40条に規定されている。「児童遊園、児童館等児童に健全な遊びを与えて、その健康を増進し、又は情操をゆたかにすることを目的とする施設」と定義されている。

（7）助産施設

「児童福祉法」第36条に規定されている。「保健上必要であるにもかかわらず、経済的理由により、入院助産を受けられない妊産婦を入所させて、助産を受けさせることを目的とする施設」と定義されている。

（8）幼保連携型認定こども園

「児童福祉法」第39条の2に規定されている。「義務教育及びその後の教育の基礎を培うものとしての満3歳以上の幼児に対する教育及び保育を必要とする乳児・幼児に対する保育を一体的に行い、これらの乳児又は幼児の健やかな成長が図られるよう適当な環境を与えて、その心身の発達を助長することを目的とする施設」と定義されている。

（9）障害児入所施設

「児童福祉法」第42条に規定されている。障害のある児童を入所させ、保護、日常生活の指導及び自活に必要な知識や技能の付与、治療を行う施設である。

　入所、保護、指導、知識・技能の付与を行うものが「福祉型障害児入所施設」であり、入所、保護、指導、知識・技能の付与とあわせて治療を行うのが「医療型障害児入所施設」である。

（10）児童発達支援センター

　障害のある児童を通所させ、日常生活における基本的動作の指導、及び自活に必要な知識や技能の付与または集団生活への適応のための訓練、治療を行う施設である。

　これら指導・付与・訓練を行うものが「福祉型児童発達支援センター」、指導・付与・訓練、及び治療を行うものが「医療型児童発達支援センター」である。

（11）児童家庭支援センター

　「児童福祉法」第44条の2に規定されている。子ども、家庭、地域住民等からの相談に応じ、必要な助言、指導を行う施設である。

　なお、もう１つ児童心理治療施設(旧・情緒障害児短期治療施設)があるがこれについては、第６章で詳しく説明する。

　また、「児童福祉法」には児童の福祉増進のため、里親に関する詳細な規定も定義されている。「児童福祉法」は、子どもの福祉を考える上で、欠かすことのできない、根幹をなす法律といえるであろう。

4　子ども家庭福祉に関する法律の概要

　子ども家庭福祉に関する法律には、「児童福祉法」以外にも様々な法律がある。ここでは、その中のいくつかを紹介する。

（1）児童手当法

　「児童を養育している者に児童手当を支給することにより、家庭等における生活の安定に寄与するとともに、次代の社会を担う児童の健やかな成長に資すること」を目的に、1971(昭和46)年に制定された。

　現在、同法により運用されている児童手当制度は、その所得と子どもの年齢により月額5,000円〜１万5,000円が支給されている。2022（令和4）年10月からは、年収1,200万円(基準)以上の場合、5,000円の特別給付もなくなる。

（2）特別児童扶養手当等の支給に関する法律

　「精神又は身体に障害を有する児童について特別児童扶養手当を支給し、精神又は身体に重度の障害を有する児童に障害児福祉手当を支給するとともに、精神又は身体に著しく重度の障害を有する者に特別障害者手当を支給することにより、これらの者の福祉の増進を図ること」を目的に1964(昭和39)年に制定された。

　現在、特別児童扶養手当の支給額は、2020(令和2)年４月現在、１級が月額５万2,500円、２級が月額３万4,970円となっている(所得制限あり)。

（3）配偶者からの暴力の防止及び被害者の保護等に関する法律

　「配偶者からの暴力は、犯罪となる行為をも含む重大な人権侵害であるにもかかわらず、被害者の救済が必ずしも十分に行われてこなかった」歴史から、「このような状況を改善し、人権の擁護と男女平等の実現を図るため」に、2001(平成13)年に制定された。

　本法は、法制定から今日に至るまで改正を繰り返し行っている。本法により都道府県に必置されている婦人相談所その他の適切な施設において、配偶者暴力相談支援センターの機能を果たす役割が課せられている。また、ドメスティック・バイオレンスの早期発見と早期対応の整備が進められている。

（4）子どもの貧困対策の推進に関する法律（子どもの貧困対策推進法）

　本法は、2013（平成25年）年に制定され、「子どもの現在及び将来がその生まれ育った環境によって左右されることのないよう、全ての子どもが心身ともに健やかに育成され、及びその教育の機会均等が保障され、子ども一人一人が夢や希望を持つことができるようにするため、子どもの貧困の解消に向けて、児童の権利に関する条約の精神にのっとり、子どもの貧困対策に関し、基本理念を定め、国等の責務を明らかにし、及び子どもの貧困対策の基本となる事項を定めることにより、子どもの貧困対策を総合的に推進すること」を目的としている。

　本法では、国の責務（第3条）や国民の責務（第5条）の他に、政府が毎年1回、子どもの貧困対策の実施の状況を公表しなければならないこと（第7条）等が規定されている。

5　ひとり親家庭への福祉

　ひとり親家庭への福祉に関して、その根幹となる法律は、「母子及び父子並びに寡婦福祉法」である。同法は、「母子家庭等及び寡婦の福祉に関する原理を明らかにするとともに、母子家庭等及び寡婦に対し、その生活の安定と向上のために必要な措置を講じ、もつて母子家庭等及び寡婦の福祉を図ること」を目的に、1964（昭和39）年に「母子福祉法」として制定され改題を重ねた。同法は、2002（平成14）年の改正時より父子家庭も法施策の対象として位置づけている。

　また、ひとり親家庭への福祉を考えるうえで、忘れてはならないもう1つの法律が、「児童扶養手当法」である。「児童扶養手当法」は、「父又は母と生計を同じくしていない児童が育成される家庭の性格の安定と自立の促進に寄与するため、当該児童について児童扶養手当を支給し、もつて児童の福祉の増進を図ること」を目的として、1961（昭和36）年に制定された。同法制定時には、母子家庭のみを法の対象としていたが、2010（平成22）年からは父子家庭もその対象に含まれることとなった。

　上記2つの法律は、ひとり親家庭の福祉を考察するうえで欠かせないものである。ここで取り上げた法律は、その共通項として、近年に至り母子家庭のみならず、父子家庭もその対象としていることが挙げられる。

　これまでの社会福祉においては、「ひとり親家庭」＝「母子家庭」とする暗黙の了解があった。母子家庭は、経済的に低位に置かれやすい現実があるなか、その社会的地位を少しでも向上させる取り組みが、福祉政策として行われてきたのである。しかし近年、父子家庭も母子家庭とは異なる意味で様々な困難を抱えていることが明らかになってきた。近年、父子家庭の就労収入は下がり続けていたが、変化もみられる。しかし課題があることに変わりはない。[1]

1）　赤石千衣子『ひとり親家庭』岩波新書、2014年、p.vi。

　赤石は、ひとり親家庭に対する支援の充実を訴え、必要な支援の分類を行っている[2]。それは、①経済的支援、②両立支援－子ども支援・保育サービスの充実、③ひとり親の就労支援、④ひとり親医療費助成制度の現物給付制の拡大、⑤ワンストップサービスで社会資源につながれる相談、⑥子どもの教育に関する支援、⑦ひとり親のニーズに合った交流事業・情報提供、⑧養育費・面会交流に関する支援、⑨ひとり親支援の委託先を競争入札にすること、⑩そのほかの支援との連携、以上の10点である。今後もこうした取り組みが進展し、ひとり親家庭の福祉がより充実することが望まれる。

（小宅　理沙）

▶ 参考文献

山田美津子『社会福祉を学ぶ』〈第三版〉みらい、2016年、pp.69–70

厚生労働省HP　http://www.mhlw.go.jp

2）　1）に同じ。　p.227。

第4章

母子保健サービスの現状

母子保健サービスは、思春期から妊娠・分娩・産褥・育児期・新生児期・乳幼児期という一貫性のある、そして切れ目のないサービス提供がなされている。

2017（平成29）年4月1日には「児童福祉法」が改正され、母子保健事業において、児童虐待の発生予防が強化されることとなった。

●第1節　母子保健事業の各法律における位置づけ

1　児童福祉法における母子保健事業

1947（昭和22）年に「児童福祉法」が制定された後、公衆衛生の一環として、母子健康福祉対策が実施された。対策では、育成医療・未熟児対策・新生児訪問指導・乳幼児健康診断などが実施されていた。その後、さらなる問題改善を目指し、1965（昭和40）年に「母子保健法」が制定された。

ここではまず初めに、「児童福祉法」において現在、母子保健事業がどのように位置づけられているか確認していく。

（1）理念

「児童福祉法」において、その理念は以下とされている。

（理念）

> 第1条　全て児童は、児童の権利に関する条約の精神にのつとり、適切に養育されること、その生活を保障されること、愛され、保護されること、その心身の健やかな成長及び発達並びにその自立が図られることその他の福祉を等しく保障される権利を有する。

---

1)　育成医療は、自立支援医療制度の中の一つである。これは、「児童福祉法」第4条第2項に規定する障がい児で、その身体障害を除去、軽減する手術等の治療によって確実に効果が期待できる者に対して提供される、生活の能力を得るために必要な自立支援医療費の給付を行うものとされている。

（2）責任

また、同法にて責任については、次のように明記されている。

（責任）

第2条第3項　国及び地方公共団体は、児童の保護者とともに、児童を心身ともに
　　健やかに育成する責任を負う。

以上のことより、子育ての責任は、保護者はもちろん国や地方公共団体にもその責任
があり、また、全ての児童の生活保障や成長発達などの福祉の保障は、すべての国民に
その責任があると解釈できる。

（3）保健所の役割

母子保健事業においては、その中でも保健所の役割というのが中心となっている。そ
こで、保健所について「児童福祉法」ではどのように規定されているか確認する。

（保健所の業務）

第12条の6　保健所は、この法律の施行に関し、主として次の業務を行うものと
　　する。

1　児童の保健について、正しい衛生知識の普及を図ること。

2　児童の健康相談に応じ、又は健康診査を行い、必要に応じ、保健指導を行うこと。

3　身体に障害のある児童及び疾病により長期にわたり療養を必要とする児童の療
　　育について、指導を行うこと。

4　児童福祉施設に対し、栄養の改善その他衛生に関し、必要な助言を与えること。

つまり、保健所の役割は、①児童の保健に関する正しい衛生知識の普及、②健康相談・
健康診査・保健指導、③療育指導、④児童福祉施設に対する栄養の改善及び助言、そし
てさらには、⑤結核の児童への療育の給付（第20条）、⑥小児慢性特定疾病医療費の給
付（第19条の2以下）、とされている。

そして保健所には、児童相談所などの各関係専門機関との連携が求められている。

（4）市町村の役割

また、児童及び妊産婦の福祉に関しては、市町村の役割についても「児童福祉法」第
10条で触れられている。その内容は以下である。

①児童や妊産婦に関して、必要な実情の把握に努める。

②児童や妊産婦に関して、必要な情報提供を行う。

③ 児童や妊産婦に関して、家庭その他からの相談に応じて必要な調査及び指導を行うこと、並びにこれらの付随する業務を行う。

④ 児童や妊産婦に関して、家庭その他への必要な支援を行う

2　2017（平成29）年4月1日児童福祉法等改正後の母子保健事業

（1）子育て世代包括支援センター（法律上の名称は母子健康包括支援センター）の法定化

　地域のつながりの希薄化等により、妊産婦・母親の孤立感や負担感が高まっているなか、市町村は、妊娠期から子育て期までの切れ目ない支援を提供する「子育て世代包括支援センター」を設置する努力義務が求められる。（「母子保健法」第22条）

（2）支援を要する妊婦等に関する情報提供

　虐待による児童の死亡事例は、0歳児の割合が4割強を占めている。また、妊娠したとしても、その届出をせず、母子健康手帳が未発行である、妊婦健診が未受診であるといった妊婦については、市町村で状況を把握できない場合がある。

　そこで、支援を要すると思われる妊婦や児童・保護者を把握した医療機関、児童福祉施設、学校等は、その旨を市町村に情報提供する努力義務が求められる。（「児童福祉法」第21条の10の5第1項）

（3）母子保健施策を通じた虐待予防等

　妊婦の届出や乳幼児健診等の母子保健施策は、市町村が広く妊産婦等と接触する機会も多い。そこで、国・地方公共団体は、母子保健施策が児童虐待の発生予防・早期発見に資するものであることに留意しなければならない旨が明記される。（「母子保健法」第5条第2項）

3　母子保健法における母子保健事業

　「母子保健法」は1965（昭和40）年に制定されたもので、その目的を第1条では、「母性並びに乳児及び幼児の健康の保持及び増進を図るため、母子保健に関する原理を明らかにするとともに、母性並びに乳児及び幼児に対する保健指導、健康診査、医療その他の措置を講じ、もつて国民保健の向上に寄与する」としている。

（1）理念

　「母子保健法」における理念とは、母性の尊重と保護、乳幼児の保健の保持増進、保護者及び国や地方公共団体の乳幼児健康の保持増進への努力、となっている。

条文ではどのように規定されているのかを次に確認していく。

（乳幼児の健康の保持増進）

> 第3条　乳児及び幼児は、心身ともに健全な人として成長してゆくために、その
> 　健康が保持され、かつ、増進されなければならない。

また、同法では保護者の努力について、以下のように触れている。

（母性及び保護者の努力）

> 第4条　母性は、みずからすすんで、妊娠、出産又は育児についての正しい理解を
> 　深め、その健康の保持及び増進に努めなければならない。
> 2　乳児又は幼児の保護者は、みずからすすんで、育児についての正しい理解を深め、
> 　乳児又は幼児の健康の保持及び増進に努めなければならない。

しかし、乳幼児の健康保持に関しては、保護者のみにその責務があるのではなく、国
及び地方公共団体にもその責務があることが、以下で明記されている。

（国及び地方公共団体の責務）

> 第5条　国及び地方公共団体は、母性並びに乳児及び幼児の健康の保持及び増進に
> 　努めなければならない。
> 2　国及び地方公共団体は、母性並びに乳児及び幼児の健康の保持及び増進に関す
> 　る施策を講ずるに当たつては、当該施策が乳児及び幼児に対する虐待の予防及び
> 　早期発見に資するものであることに留意するとともに、その施策を通じて、前3条に
> 　規定する母子保健の理念が具現されるように配慮しなければならない。

（2）母子保健法における地方自治体が行う母子保健事業の役割

　上記で確認したように、地方自治体には、乳幼児の健康の保持及び増進に努めなくて
はならない。そこで、具体策を以下で示していく。

　① 知識の普及（第9条）
　② 保健指導（第10条）
　③ 新生児の訪問指導等（第11条）
　④ 乳幼児健康診査　1歳6か月健診・3歳児健診（第12条）
　⑤ 必要に応じた妊産婦・乳幼児の健康診査又は受診勧奨（第13条）
　⑥ 栄養の摂取に関する援助（第14条）
　⑦ 母子健康手帳の交付（第16条）

⑧ 妊産婦の訪問指導と診療の勧奨（第17条）

⑨ 未熟児の訪問指導（第19条）

⑩ 未熟児の養育医療の給付（第20条）

⑪ 医療施設の整備（第20条の2）

⑫ 母子健康包括支援センターの設置の努力義務（第22条）

　母子保健サービスには、以上のように、健康診査等、保健指導等、医療対策等がある。そして、母子保健サービスの体系は以下となっている。

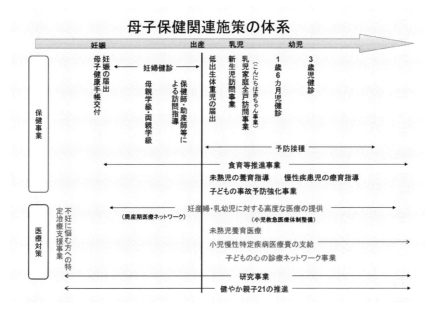

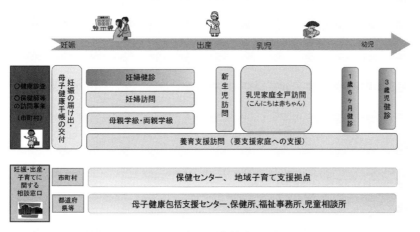

図4-1 「母子保健関連施策の体系」より一部改変

厚生労働省HP　https://www.mhlw.go.jp/file/05-Shingikai-12401000-Hokenkyoku-Soumuka/0000096263.pdf

次に、母子保健サービスの中でも、子育て支援や、児童虐待の早期発見において近年特に重要視をされている、④乳幼児健康診査について、以下で詳しくみていく。

●第2節　乳幼児健康診査

　保健所や市町村保健センター[2]の重要な役割の一つに、乳幼児健診がある。乳幼児健診は、上記でも確認したように、「母子保健法」第12条の規定により地方自治体が主体となって1歳6か月児健康診査や3歳児健康診査が行われる。これら乳幼児健診には、次のような意義と機能が求められている。

（1）健康状態の把握

　子どもの健康状況だけではなく、その地域の健康状況を把握する意義がある。例えば、「健やか親子21（第2次）[3]」で示されている標準的な問診項目は、子どもの健康状況を把握し保健指導につなげるだけでなく、地域の状況をきめ細やかに把握し対策につなげることも可能である。

（2）支援者との出会いの場

　健診の場は、子どもや保護者が一方的に指導される場ではなく、健診に親子が参加し、地域の関係機関の従事者と出会い、支援を円滑に開始するために活用される意義がある。

（3）多職種が連携した保健指導による支援

　多職種が連携した保健指導では、各専門職種が有する技術や知識を健診に応用することなど、多角的な視点が求められる。多分野の専門知識と技量を従事者間で共有し、工夫することにより、分野間で切れ目のないサービスや支援を提供することが重要である。

（4）一貫した行政サービスを提供するための標準化

　近年、地域住民、とりわけ子育て世代の生活状況はきわめて多様である。里帰りで一時的に居住する場合も、同じ地域の仲間としてその後の支援につながるために、すべての都道府県と市町村において共通の標準的な健診事業の基盤を整えることが必要である。

---

2)　市町村保健センターは、「地域保健法」第18条に基づき、市町村が設置することができる行政機関である。
　　そして、市町村保健センターにおける児童福祉関係業務の主なものは、次のとおりである。
　　①乳幼児に対する保健指導
　　②乳幼児に対する訪問指導
　　③1歳6か月児健康診査、3歳児健康診査などの乳幼児健康診査
3)　第4節で詳しく解説する。

　以上のように、近年は乳幼児健診の役割が疾病や障がいのスクリーニングに加え、子育て支援につなぐ役割も含まれるようになってきている。従来の保健指導区分から、「子育て支援の必要性区分」という新たな区分が提案されている。

表4-1　「子育て支援の必要性」の判定の例示

項目名		評価の視点	判定区分	判定の考え方
子の要因	発達	子どもの精神運動発達を促すための支援の必要性	・支援の必要性なし ・助言・情報提供で自ら行動できる ・保健機関の継続支援が必要 ・機関連携による支援が必要	子どもの精神運動発達を促すため、親のかかわり方や受療行動等への支援の必要性について、保健師ほかの多職種による総合的な観察等で判定する。
	その他	発育・栄養・疾病・その他の子どもの要因に対する支援の必要性	・支援の必要性なし ・助言・情報提供で自ら行動できる ・保健機関の継続支援が必要 ・機関連携による支援が必要	子どもの発育や栄養状態、疾病など子育てに困難や不安を引き起こす要因への支援の必要性について、保健師ほかの多職種による総合的な観察等で判定する。
親・家庭の要因		親・家庭の要因を改善するための支援の必要性	・支援の必要性なし ・助言・情報提供で自ら行動できる ・保健機関の継続支援が必要 ・機関連携による支援が必要	親の持つ能力や疾病、経済的問題や家庭環境など子育ての不適切さを生ずる要因への支援の必要性について、保健師ほかの多職種による総合的な観察等で判定する。
親子の関係性		親子関係の形成を促すための支援の必要性	・支援の必要性なし ・助言・情報提供で自ら行動できる ・保健機関の継続支援が必要 ・機関連携による支援が必要	愛着形成や親子関係において子育てに困難や不安を生じさせる要因への親子への支援の必要性について、保健師ほかの多職種による総合的な観察により判定する。

『標準的な乳幼児期の健康診査と保健指導に関する手引き～「健やか親子21（第2次）」の達成に向けて～』2015年、p.35.
https://www.mhlw.go.jp/file/06-Seisakujouhou-11900000-Koyoukintoujidoukateikyoku/tebiki.pdf（2022年3月9日確認）

　以上が、乳幼児健康診査についてであった。
　次に、同じく子育て支援や児童虐待の早期発見等に密接に関連してくる、医療機関における母子保健事業の役割についてみていく。

●第3節　医療機関における母子保健事業との連携

　子どもの出産・育児と医療機関とは密接に関連している。出産については、上記で確認した妊産婦健診と新生児マススクリーニングがある。
　そして育児については、上記で確認した乳幼児健診、小児慢性特定疾病医療費の支給、自立支援医療制度、および子どもの心診療ネットワーク事業等がある。
　以下で、これらの具体的内容をみていく。

1　妊産婦健康診査

　妊産婦健康診査は、正常に経過し分娩に至ることを目的とし、「母子保健法」第13条に規定されている。

市町村に実施の義務があり、「妊婦に対する健康診査についての望ましい基準」（平成27年3月31日厚生労働省告示第226号）では、以下のようになっている。

> （1）妊娠初期より妊娠23週（第6月末）まで：4週間に1回
> （2）妊娠24週（第7月）より妊娠35週（第9月末）まで：2週間に1回
> （3）妊娠36週（第10月）以降分娩まで：1週間に1回

　これに沿って受診した場合、受診回数は14回程度となる。2007（平成19）年までは公費負担が5回までと制限されていたが、現在では必要な回数全てが公費負担とされている。

2　新生児マススクリーニング

　新生児マススクリーニングは、先天性代謝異常等を早期発見し治療につなげる目的で、日本では1977（昭和52）年から開始され、現在ではほぼ100％の受検率にある。
　新生児マス・スクリーニングの対象疾患は、大きく分けて内分泌疾患（ホルモンの異常）2疾患と、代謝異常症（栄養素の利用障害）の17疾患を主に対象としている。また、この19疾患以外の疾患が見つかる場合もあり、合わせて26疾患が対象となっている。

3　小児慢性特定疾病医療費の支給

　小児慢性特定疾病医療費は、治療が長期にわたり医療費が高額になる特定の疾患に対し、治療の確立と普及を図り、家族の医療費負担軽減を図るものである。

4　自立支援医療制度

　自立支援医療制度は、心身の障害を除去・軽減するための医療について、医療費の自己負担額を軽減する公費負担医療制度であり、対象は3分類ある。

> （1）精神通院医療…「精神保健福祉法」第5条に規定する統合失調症などの精神疾患を有する者で、通院による精神医療を継続的に要する者
> （2）更生医療…「身体障害者福祉法」に基づき身体障害者手帳の交付を受けた者で、その障害除去・軽減する手術等の治療により確実に効果が期待できる者（18歳以上）
> （3）育成医療…身体に障害を有する児童で、その障害を除去・軽減する手術等の治療により確実に効果が期待できる者（18歳未満）

5　子どもの心の診療ネットワーク事業

　子どもの心の診療ネットワーク事業は、様々な子どもの心の問題、あるいは児童虐待や発達障害に対応するために、都道府県における拠点病院を中核とし、地域の医療機関並びに児童相談所・保健所・市町村保健センター・要保護児童対策地域協議会・発達障害者支援センター・児童福祉施設及び教育機関等と連携した支援体制の構築を図っている。

●第4節　少子化社会等への取り組み

　近年、非婚や晩婚化などの影響により少子化など新たな課題が出現している。1994（平成6）年には、総合的子育て支援対策「エンゼルプラン」が、さらには1999（平成11）年には「新エンゼルプラン」が策定され、乳幼児一時預かり事業・不妊相談センターや周産期医療ネットワークの整備などが盛り込まれた。

　そして、2001（平成13）年から2014（平成26）年まで取り組まれた、国民運動計画「健やか親子21」では、目標の8割ほど一定の改善が認められたが、低出生体重児などの課題があげられた。そこで、現在では新たに「健やか親子21（第2次）」が2015（平成27）年より10年計画で開始されている。

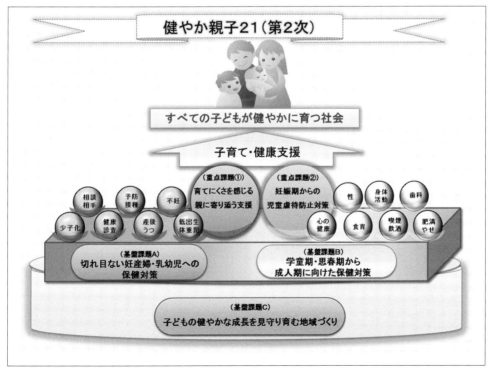

図5-2　「健やか親子21（第2次）」

厚生労働省HP　https://www.mhlw.go.jp/file/05-Shingikai-11901000-Koyoukintoujidoukateikyoku-Soumuka/s2.pdf
（2022年3月9日確認）

また他にも、母子保健関連事業の「次世代育成支援対策推進法」が2015（平成27）年度よりさらに10年延長されたり、子ども・子育て支援新制度が施行されるなど、子育てを社会全体で支える取り組みに力が入れられている。

　母子保健関連事業に関連するその他の法律として、「地域保健法」「健康増進法」「母体保護法」「予防接種法」「学校保健安全法」「児童虐待の防止等に関する法律」「発達障害者支援法」などがある。

●第5節　保育士が行う母子保健関連の地域子育て支援

1　乳児家庭全戸訪問事業「こんにちは赤ちゃん事業」

　保育士がかかわる子育て支援といえば、保育所単独で行う保育事業であるが、母子保健関連における地域子育て支援の中に、たとえば、乳児家庭全戸訪問事業があげられる。乳児家庭全戸訪問事業は、「こんにちは赤ちゃん事業」と呼ばれ、市町村が実施主体となり、原則4か月を迎えるまでの乳児のいるすべての家庭を訪問し、子育ての孤立を防ぎ、また子育て支援に関する必要な情報を提供するとともに、実際に支援が必要な家庭に対しては適切なサービスに結びつける子育て支援事業のことである。こんにちは赤ちゃん事業は、2008（平成28）年改正の「母子保健法」が2009（平成21）年4月に施行されたことにより、法的事業に位置付けられることとなった。

　家庭訪問するのは、保健師や児童委員（民生委員）、看護師、母子保健推進員などが担当している。

2　養育支援訪問事業

　養育支援訪問事業の創設時の事業名は「育児支援家庭訪問事業」であり、2004（平成16）年度に創設された事業である。

　これは、こんにちは赤ちゃん事業などで特に専門的な養育支援が必要な家庭と判断された場合、継続して家庭訪問をする必要がある時に、家庭訪問するのは保健師や助産師が中心となっているが、保育士等が訪問することがある。

　養育支援訪問事業の目的の一つには、児童虐待の発生予防があげられる。

（小宅　理沙）

▶ 参考文献

厚生労働省 HP　http://www.mhlw.go.jp

流石智子監・浦田雅夫編『知識を生かし実力をつける子ども家庭福祉』〈第3版〉保育出版社、2016年

小宅理沙・西木貴美子・野尻美津代「保健・医療における現状と課題」

井村圭壯・今井慶宗編『障がい児保育の基本と課題』学文社、2016年

乳幼児健康診査の実施と評価ならびに多職種連携による母子保健指導のあり方に関する研究班

　　『標準的な乳幼児期の健康診査と保健指導に関する手引き～「健やか親子21（第2次）」の達成に向けて～』

　　2015年

第5章 子育て支援

●第1節　少子化対策の動向

1　エンゼルプランと新エンゼルプラン

　国は、1990（平成2）年の「1.57ショック」を受けて、子育て家庭を対象に「仕事と子育ての両立」を目指した。1994（平成6）年12月、10年間の基本的方向と重点施策として「今後の子育て支援のための施策の基本的方向について（エンゼルプラン）」を策定した。「エンゼルプラン」実施のため、「緊急保育対策等5か年事業」を策定した。そこには、低年齢児保育の促進、多様な保育サービスの促進、保育所の多機能化への整備、保育料の軽減、子育てを地域ぐるみで支援する体制の整備、母子保健医療体制の充実があった。

　1999（平成11）年12月、少子化対策推進関係閣僚会議が「少子化対策推進基本方針」を決定し、「重点的に推進すべき少子化対策の具体的実施計画について」という「新エンゼルプラン（「エンゼルプラン」と「緊急保育対策等5か年事業」を見直して作成されたもの）」を策定した。それは、2000（平成12）年度から2004（平成16）年度までの間の5か年計画であった。2001（平成13）年7月、待機児童ゼロ作戦として「仕事と子育ての両立支援等の方針」が閣議決定された。また、2002（平成14）年9月、厚生労働省によって少子化の流れを変えるため、「少子化対策プラスワン」がまとめられた。「少子化対策プラスワン」は、「男性を含めた働き方の見直し」「地域における子育て支援」「社会保障における次世代育成支援」「子どもの社会性の向上や自立の促進」が提案された。

　以上のことより、子育ての責任は、保護者はもちろん国や地方公共団体にもその責任があり、また、全ての子どもの生活保障や成長発達などの福祉の保障は、全ての国民にその責任があるとする方向性が示されていると考えられる。

2 次世代育成支援対策推進と少子化社会対策

　2003（平成15）年7月16日より子育て家庭を社会全体で支援することを目的に「次世代育成支援対策推進法」が段階的に施行された。同法制定によって、地方公共団体・企業の10年間における取り組みが求められることとなった。地方公共団体・事業主は、次世代育成支援をするための行動計画を策定し、実施した。同法は、2014（平成26）年に改正され、その後の10年間における内容充実が目指された。

　2003（平成15）年9月1日に「少子化社会対策基本法」が施行された。それをもとに、2004（平成16）年6月4日に「少子化社会対策大綱」が閣議決定された。同年12月24日には、大綱の施策推進のため、少子化社会対策会議で「少子化社会対策大綱に基づく具体的実施計画について（子ども・子育て応援プラン）」が決定された。国は、地方公共団体や企業等と協働して計画的に取り組むことが必要な事項をあげた。2005（平成17）年度から2009（平成21）年度までの5年間における具体的施策内容と目標を掲げた。

　2006（平成18）年6月20日、少子化社会対策会議で「新しい少子化対策について」が決定された。これは、少子化進行への対処のために、少子化対策の拡充、強化のために決定された。「子ども・子育て応援プラン」の推進を図り、妊娠・出産、そして高校生・大学生になるまでの子どもの成長に応じた子育て支援策、働き方改革等を推進した。「家族の日」「家族の週間」の制定で、家族・地域の再生、社会全体の意識改革を推進した。

　2007（平成19）年12月27日、少子化社会対策会議で「子どもと家族を応援する日本」重点戦略が決定された。そこでは、仕事と子育ての両立の実現への支援が必要とされた。働き方の見直しで仕事と生活の調和の実現をするために、「仕事と生活の調和（ワーク・ライフ・バランス）憲章」「仕事と生活の調和推進のための行動指針」が決定された。

3 子ども・子育て支援の充実に向けた施策

　2010（平成22）年1月29日、「子ども・子育てビジョン」が閣議決定された。それと同時に、少子化社会対策会議で「子ども・子育て新システム検討会議」が発足、「子ども・子育て新システムに関する基本制度」が決定された。これをもとに、政府は、子ども・「子育て新システム関連3法案」を国会に提出した。法案修正等の後、2012（平成24）年8月10日に「子ども・子育て関連3法」が可決・成立、同年8月22日公布となった。

　また、待機児童解消のため、2008（平成20）年2月の「待機児童ゼロ作戦」の後、2013（平成25）年4月に「待機児童解消加速化プラン」が策定された。

　2013（平成25）年6月7日、「少子化危機突破のための緊急対策」が少子化社会対策会議で決定された。これは、少子化対策としての「仕事と子育ての両立」の支援強化とともに、「結婚・妊娠・出産支援」の充実を目指した。

　2014（平成26）年7月、「放課後子ども総合プラン」が策定された。共働き家庭等で、

子どもの小学校就学後の放課後の居場所確保をするためである。2019（平成31・令和元）年度末、放課後児童クラブを約30万人分整備、全小学校区で放課後子ども教室と一体・連携での実施を目指した。政府は、2014（平成26）年9月3日、人口急減・超高齢化に対し、地方創生が必要と考え、「まち・ひと・しごと創生本部」を発足させた。同年11月28日、「まち・ひと・しごと創生法」施行、そして、同年12月27日、「長期ビジョン」及び「総合戦略」が閣議決定された。

2015（平成27）年3月20日、新たな「少子化社会対策大綱」が閣議決定された。子育て支援施策を一層充実、若い年齢での結婚・出産希望の実現、多子世帯へ一層の配慮、男女の働き方改革、地域の実情に即した取組強化の5つの重点課題を設けた。また、長期的視点で少子化対策を総合的に推進することを目指した。

2015（平成27）年4月、2012（平成24）年成立の「子ども・子育て関連3法」による子ども・子育て支援新制度が施行され、子ども・子育て本部が内閣府に設置された。同年10月、「一億総活躍国民会議」が提案され、子育て支援の充実についても審議された。同年11月、「一億総活躍社会の実現に向けて緊急に実施すべき対策－成長と分配の好循環の形成に向けて－」がとりまとめられた。「『希望出生率1.8』の実現に向けた『夢をつむぐ子育て支援』」が示されることとなった。

また、通常国会で子育て支援の提供体制充実のため、「子ども・子育て支援法」改正がなされた。地域型保育事業の設置者への助成・援助を行う事業創設、仕事と子育ての両立支援を加える等の改正後、2016（平成28）年4月1日から施行となった。なお、「子ども・子育て関連3法」とは、「子ども・子育て支援法」「就学前の子どもに関する教育、保育等の総合的な提供の推進に関する法律の一部を改正する法律」「子ども・子育て支援法及び就学前の子どもに関する教育、保育等の総合的な提供の推進に関する法律の一部を改正する法律の施行に伴う関係法律の整備等に関する法律」である。

その後、「働き方改革を推進するための関係法律の整備に関する法律」が2018（平成30）年6月に成立した。2019（平成31）年4月から5年間を対象とする「新・放課後子ども総合プラン」が文部科学省と厚生労働省による共同で策定された。そこでは、放課後児童クラブを2021（令和3）年度末までに約25万人分整備、また、女性就業率の上昇を踏まえて2023（令和5）年度末までに計約30万人分の受け皿の整備などを目指す。

●第2節　子ども・子育て支援新制度

1　子ども・子育て支援新制度の体系

　子ども・子育て支援新制度の体系は、図5-1のとおりである。

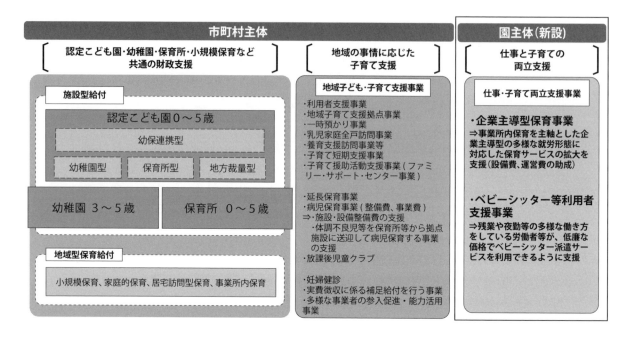

図5-1　子ども・子育て支援新制度の特徴(令和元年4月)

内閣府「少子化社会対策白書」(令和元年版)

https://www.8.cao.go.jp/shoushi/shoushika/whitepaper/measures/w-2019/r01webhonpen/html/b2_s1-1-1.html#zh2-1-01

(2019年12月11日確認)

2　子ども・子育て支援新制度の体系の内容

(1) 子育て支援給付

　子育て支援新制度の特徴は、「施設型給付」と「地域型保育給付」が創設されたこと、また、認定こども園制度が改善されたことである。学校と児童福祉施設として法的に位置づけ、認可施設となった幼保連携型認定こども園、幼稚園、保育所への給付を「施設型給付」として財政支援を一本化した。都市部の待機児童問題解消を目的に、小規模保育・家庭的保育・居宅訪問型保育・事業所内保育の拡充のための「地域型保育給付」を創設した。

（2）地域子ども・子育て支援事業

　地域の子ども・子育て支援の充実のため、「地域子ども・子育て支援事業」として、次の13事業が法的に位置づけられた。

　第1に、子どもまたは子どもの保護者からの相談に応じ、必要な情報提供・助言等を行う事業である。「基本型」「特定型」「母子保健型」の3類型がある「利用者支援事業」である（図5-2参照）。

　第2に、時間外保育費用の全部・一部の助成で、必要な保育を確保する事業である。「一般型」「訪問型」の2類型がある「延長保育事業」である。

事業の目的
○　子育て家庭や妊産婦が、教育・保育施設や地域子ども・子育て支援事業、保健・医療・福祉等の関係機関を円滑に利用できるように、身近な場所での相談や情報提供、助言等必要な支援を行うとともに、関係機関との連絡調整、連携・協働の体制づくり等を行う

実施主体
○　市区町村とする。ただし、市区町村が認めた者への委託等を行うことができる。

 地域子育て支援拠点事業と一体的に運営することで、市区町村における子育て家庭支援の機能強化を推進

3つの事業類型

基本型
○　「基本型」は、「利用者支援」と「地域連携」の2つの柱で構成している。

【利用者支援】
地域子育て支援拠点等の身近な場所で、
○子育て家庭等から日常的に相談を受け、個別のニーズ等を把握
○子育て支援に関する情報の収集・提供
○子育て支援事業や保育所等の利用に当たっての助言・支援
→当事者の目線に立った、寄り添い型の支援

【地域連携】
○より効果的に利用者が必要とする支援につながるよう、地域の関係機関との連絡調整、連携・協働の体制づくり
○地域に展開する子育て支援資源の育成
○地域で必要な社会資源の開発等
→地域における、子育て支援のネットワークに基づく支援

《職員配置》専任職員（利用者支援専門員）を1名以上配置
※子ども・子育て支援に関する事業（地域子育て支援拠点事業など）の一定の実務経験を有する者で、子育て支援員基本研修及び専門研修（地域子育て支援コース）の「利用者支援事業（基本型）」の研修を修了した者

特定型（いわゆる「保育コンシェルジュ」）
○　主として市区町村の窓口で、子育て家庭等から保育サービスに関する相談に応じ、地域における保育所や各種の保育サービスに関する情報提供や利用に向けての支援などを行う
《職員配置》専任職員（利用者支援専門員）を1名以上配置
※子育て支援員基本研修及び専門研修（地域子育て支援コース）の「利用者支援事業（特定型）」の研修を修了している者が望ましい

母子保健型
○　主として市町村保健センター等で、保健師等の専門職が、妊娠期から子育て期にわたるまでの母子保健や育児に関する妊産婦等からの様々な相談に応じ、その状況を継続的に把握し、支援を必要とする者が利用できる母子保健サービス等の情報提供を行うとともに、関係機関と協力して支援プランの策定などを行う
《職員配置》母子保健に関する専門知識を有する保健師、助産師等を1名以上配置

図5-2　利用者支援事業

内閣府「少子化社会対策白書」（令和元年版）

https://www.8.cao.go.jp/shoushi/shoushika/whitepaper/measures/w-2019/r01webhonpen/html/b2_s1-1-1.html#zh2-1-01

（2019年12月13日確認）

　第3に、保護者の世帯所得の状況等を勘案して、特定保育・教育施設等に対して保護者が支払うべき日用品、文房具その他の教育・保育に必要な物品の購入に要する費用又は行事への参加に要する費用等を助成する事業、「実費徴収に係る補足給付を行う事業」である。

　第4に、多様な事業者の能力を活用する特定教育・保育施設等の設置・運営を促進す

る事業である。「新規参入施設等への巡回支援」「認定こども園特別支援教育・保育経費」で「多様な事業者の参入促進・能力活用事業」である。

第5に、「放課後児童健全育成事業」（放課後児童クラブ）で、一般的には学童保育事業という。

第6に、「子育て短期支援事業」であり、短期入所生活援助（ショートステイ）事業、夜間養護等（トワイライト）事業がある。

第7に、「乳児家庭全戸訪問事業」で、「こんにちは赤ちゃん事業」と呼ばれている。

第8に、「養育支援訪問事業」（相談支援と育児・家事援助を含む）と、子どもを守る地域ネットワーク機能強化事業である。

第9に、「地域子育て支援拠点事業」で「一般型」と「連携型」がある。「一般型」は、基本事業を実施するための地域公共施設、空き店舗、保育所等、子育て親子の交流の場である。加算事業「地域の子育て拠点として地域の子育て支援活動の展開を図るための取り組み」「出張ひろば」「地域支援の取り組み」がある。「連携型」には、基本事業と加算事業「地域の子育て力を高める取り組み」がある。

第10に、「一時預かり事業」で「一般型」「余裕活用型」「幼稚園型」「居宅訪問型」がある。

第11に、「病児保育事業」で、「病児対応型」「病後児対応型」「体調不良児対応型」「非施設型（訪問型）」がある。

第12に、「子育て援助活動支援事業」で、ファミリー・サポート・センター事業のことである。

第13に、妊婦の健康の保持増進のために行われる「妊婦健康診査」である。健康状態の把握、検査と計測、保健指導により、妊娠期間中に必要に応じて医学的な検査を実施する事業である。

これらの13事業実施のため、子ども・子育て家庭への財政支援が強化された。

（3）仕事・子育て両立支援事業

「仕事と子育ての両立支援事業」が創設された。具体的には、「企業主導型保育事業」と「企業主導型ベビーシッター利用者支援事業」である。「企業主導型保育事業」は、事業所内保育業務を目的とする施設で就労形態に応じた保育サービスを提供して、仕事と子育ての両立ができるようにする。「企業主導型ベビーシッター利用者支援事業」は、働き方に応じ、その利用を求める時には利用料金を助成し、仕事と子育ての両立ができるようにする。

●第3節　子育て支援の充実に向けた課題

　内閣府（2019）は『少子化社会対策白書　令和元年版』で少子化社会対策における5重点課題のうちの一つとして子育て支援の充実について示している（第3節、第4節は、同白書にもとづいて述べる）。詳細は次のとおりである。

1　子育て支援制度の円滑な実施

　まず、「地域の実情に応じた幼児教育・保育・子育て支援の質・量の充実」である。2016（平成28）年、国は、子育て支援の提供体制充実のため、事業所内保育の設置者への助成・援助事業を創設した。一般事業主から徴収する拠出金率の上限引き上げのため、「子ども・子育て支援法」の改正を行った。

　次に、「地域のニーズに対応した多様な子育て支援の充実」である。具体的には、利用者支援事業で子育て家庭や妊産婦が地域の子育て支援関連の資源を容易に活用できるように連絡調整、連携・協働体制づくりを行う。また、地域子育て支援拠点の設置促進、一時預かり事業の推進、幼稚園の預かり保育の推進である。「延長保育」「夜間保育」「病児保育」「地域型保育事業」「特定保育（保護者の就労形態の多様化に伴う子どもの保育需要の変化に対応する保育）」「事業所内保育」「家庭的保育」のような状況に応じた保育サービスを提供する。ファミリー・サポート・センターの普及促進もである。

2　待機児童の解消

　まず、「『待機児童解消加速化プラン』の推進」である。保育等施設整備費の増額、小規模保育施設整備補助を創設した。2016（平成28）年度は、企業による保育サービスを提供するための企業主導の保育事業を推進した。地方公共団体と連携し、空き店舗などの活用による子育て支援施設（保育所、幼稚園、学童保育など）の設置に努めた。

　次に、「『保育人材確保対策』の推進」である。これは、保育士試験の年2回実施推進や処遇改善、離職防止、潜在保育士復帰の支援、保育士養成強化をすることである。

3　「小1の壁」の打破

　まず、「放課後子ども総合プランの推進」である。「小1の壁」の打破と次世代育成支援とし、すべての小学生が放課後を安全・安心に過ごし、様々な体験ができるように策定されたプランである。2019（平成31・令和元）年度末までに放課後児童クラブを約30万人分整備して約120万人分の確保、全小学校区で放課後児童クラブと放課後子ども教室を一体・連携して実施、そのうち1万カ所以上を一体型で実施することを目指すこと

ある。

　次に、「放課後児童クラブの充実」である。2014（平成26）年４月に、職員の資格、職員数や設備を定めた「放課後児童健全育成事業の設備及び運営に関する基準」を制定し、2015（平成27）年４月に施行した。また、「放課後児童クラブ運営指針」も2015（平成27）年４月から適用している。小学生を対象にした市町村の子ども・子育て支援事業計画に基づく取り組みを支援するものである。放課後児童クラブを学校敷地内等に整備する場合の施設整備費補助基準額の引上げ、10人未満の放課後児童クラブへの補助対象の拡大をする。消費税財源の活用、放課後児童支援員等の処遇改善も考える。18時30分以降も事業を行う放課後児童クラブに、賃金改善、常勤職員の配置促進への補助を行う。保育所との開所時間の乖離の解消のための放課後児童支援員等処遇改善等事業、障害児を５人以上受け入れている場合の職員加配等、放課後児童クラブの質の向上を目指す。「新・放課後子ども総合プラン」の「放課後児童クラブについて」では、2021（令和３）年度末までに25万人分を整備し、2023（令和５）年度末までに約30万人分の受け皿を整備することとされている。

●第４節　子育て段階に応じた支援

　子育てに必要な支援は次のとおりである。
　第１に、「子育ての経済的負担の緩和・教育費負担の軽減」である。
「児童手当の支給」「幼児教育の無償化の段階的実施」「高校生等への就学支援」「高等教育段階における教育費負担軽減策の充実」
　第２に、「多様な主体による子育てや孫育てに係る支援」である。
「祖父母等による支援」「商店街の空き店舗、小中学校の余裕教室、幼稚園等の活用による、地域の子育ての拠点づくり」
　第３に、「子どもが健康で、安全かつ安心に育つ環境整備」である。
　①子育てしやすい住宅の整備…「融資、税制を通じた住宅の取得等の支援」「良質なファミリー向け賃貸住宅の供給促進」「公的賃貸住宅ストックの有効活用等による居住安定の確保」「公的賃貸住宅と子育て支援施設との一体的整備等の推進」「街なか居住等の推進」。
　②小児医療の充実…「小児医療の充実」の他に「小児慢性特定疾病対策等の充実（小児慢性特定疾病の医療費助成等、小児慢性特定疾病児童等の自立支援）」「予防接種の推進」「こころの健康づくり」。
　③子どもの健やかな育ち…「学校の教育環境の整備等」「地域ぐるみで子どもの教育に取り組む環境の整備（学校支援地域本部、地域の豊かな社会資源を活用した土曜日の教育活動の推進、放課後子ども教室、家庭教育支援）」「いじめ防止対策推進（スクールサ

ポーターによるいじめ防止対策の推進)」。

　④「食育」等の普及・促進及び多様な体験活動の推進…「食育の普及促進(国民運動としての食育の推進、家庭における食育の推進、学校等における食育の推進、地域における食生活の改善等のための取り組みの推進)」「消費者教育・金融教育等の普及・促進」「地域や学校における体験活動・文化・芸術活動（地域における体験活動の推進、学校における体験活動の推進、文化・芸術活動)」「自然とのふれあい」「農村漁業体験や都市と農村漁村との交流体験」「子どもの遊び場の確保(公園、水辺、森林)」。

　⑤地域の安全の向上…「災害時の乳幼児等の支援」「子どもの事故防止（遊び場の安全対策の推進、建築物等の安全対策の推進)」「幼稚園・保育所等における事故の発生・再発の防止」「交通安全教育等の推進」「犯罪等の被害の防止（インターネットに係る有害環境から子どもを守るための取り組みの推進、安全・安心の街づくりの推進)」「子どもの健康に影響を与える環境要因の解明」「ひとり親家庭支援の推進」「児童虐待の防止、社会的養護の充実」「障害のある子ども等への支援」「ニート、ひきこもり等の子ども・若者への支援」「定住外国人の子どもに対する就学支援」。

●第5節　今後の子育て支援

1　子育て世代包括支援センターの法定化

　2016(平成28)年、「児童福祉法」の一部が改正されるなどした法改正の中で、市町村には子育て世代包括支援センターを置くことができるようになった。「母子保健法」第22条を根拠とするが、法律上の名称は母子健康包括支援センターとなっている。ここでは、妊産婦や子育て家庭への支援を強化するために利用者支援事業などを実施している。具体的には、子育て支援事業、妊産婦と保健医療福祉など関係機関とをつなぐ、関係機関の連携調整づくりを行う。センターでは、保健師、助産師、看護師、社会福祉士などが支援マネジメントを行っている。必要に応じて支援プランを作成する。妊娠期から子育て期までの切れ目ない支援を提供する。それにより、妊産婦の子育て環境の充実を図る。

2　支援ネットワークの充実

　子ども・子育て支援の専門職には、保育士、幼稚園教諭、地域子育て支援拠点のスタッフ、福祉事務所の生活保護面接相談員、保健所・保健センターの保健師、医療機関の助産師、児童相談所の児童福祉司、民生・児童委員(含・主任児童委員)などがある。

　このうち、生活保護面接相談員は、福祉事務所と関係機関が連携・協働して子ども・

子育て支援をしやすいように、保健師、子ども相談センター職員などと連携・協働する。保健師は、支援が必要な家庭に関わり、解決の仕組みづくりをする。助産師は、医学的立場で保護者に助言し、母親の妊娠中から地域子育て支援拠点スタッフや保健師とつないでいく。

（中　典子）

▶ 参考文献

赤木正典、流王治郎編『子ども家庭福祉論』建帛社、2018年

厚生労働省雇用均等・児童家庭局長『「市町村子ども家庭支援指針」（ガイドライン）について』雇児発0331
　　第47号、2017年

公益財団法人児童育成協会監、新保幸男、小林理編『児童家庭福祉　第2版』中央法規、2017年

社会福祉の動向編集委員会編『社会福祉の動向2016』中央法規、2016年

社会福祉士養成講座編集委員会編『15　児童や家庭に対する支援と児童・家庭福祉制度　第6版』中央法規、
　　2016年

内閣府『少子化社会対策白書　令和元年版』
　　https://www8.cao.go.jp/shoushi/shoushika/whitepaper/measures/w-2019/r01webhonpen/index.html
　　（2019年12月11日確認）

西尾祐吾監、　小崎恭弘、藤井薫編『第3版　子ども家庭福祉論』晃洋書房、2017年

保育福祉小六法編集委員会編『保育福祉小六法　2022年版』みらい、2022年

第 6 章

児童虐待／ドメスティック・バイオレンス（DV）の現状と今後の課題

●第1節　児童虐待とは

　近年、新聞やテレビのニュースなどでも、児童虐待について耳にしないことがないほど、連日報道されている。今や児童虐待を知らない者はいないといえるであろう。

　しかし、児童虐待をしつけの一部と考える者や、あるいはその定義の詳細を知らない者も少なくないであろう。

　そこで、これより児童虐待とは何なのか、しつけや教育とはどのような違いがあるか等について詳しく見ていく。

1　児童虐待の定義

　まず、児童虐待について触れられている法律についてである。実は児童虐待に関連する主な法律は2つあり、1つが第二次世界大戦後の1947（昭和22）年に制定された「児童福祉法」であり、「児童福祉法」では触れられていなかった項目が追加等される形で成立したのが、2000（平成12）年に制定された「児童虐待の防止等に関する法律」である。

　「児童福祉法」では、児童の福祉に関するあらゆることが定められている。たとえば非行や障害などの条文において、児童虐待の被害に遭った場合の親子分離について等も含まれている。

　一方、「児童虐待の防止等に関する法律」では、法律名通りの児童虐待に関する内容のみが定められている。そして、児童虐待の定義は、この「児童虐待の防止等に関する法律」の中にある。まずは、どのように定義されているか見てみる。

第2条　この法律において、「児童虐待」とは、保護者（親権を行う者、未成年後見人その他の者で、児童を現に監護するものをいう。以下同じ。）がその監護する児童（18歳に満たない者をいう。以下同じ。）について行う次に掲げる行為をいう。

1　児童の身体に外傷が生じ、又は生じるおそれのある暴行を加えること。

2　児童にわいせつな行為をすること又は児童をしてわいせつな行為をさせること。

3　児童の心身の正常な発達を妨げるような著しい減食又は長時間の放置、保護者以外の同居人による前2号又は次号に掲げる行為と同様の行為の放置その他の保護者としての監護を著しく怠ること。

4　児童に対する著しい暴言又は著しく拒絶的な対応、児童が同居する家庭における配偶者に対する暴力（配偶者（婚姻の届出をしていないが、事実上婚姻関係と同様の事情にある者を含む。）の身体に対する不法な攻撃であって生命又は身体に危害を及ぼすもの及びこれに準ずる心身に有害な影響を及ぼす言動をいう。）その他の児童に著しい心理的外傷を与える言動を行うこと。

　　条文では、以上のようになっている。

　　まず、虐待する加害者の定義であるが、「保護者」となっている。したがって、保護者以外の学校の教師、あるいは、きょうだい間での一方的な暴力等は、「児童虐待」とはならない。学校の教師による生徒への暴力は「体罰」となり、きょうだい間での、たとえば兄から妹による一方的な激しい暴力を保護者が見て見ぬ振りをする、止められない等であれば、これは、兄から妹への「虐待」ではなく、保護者の「ネグレクト」となる。

　　それでは、第2条を詳しく見ていく。第2条第2項から第4項は「児童虐待」の種類を示している。

　　まず、第2条第1項であるが、これは虐待の種類でいうと「身体的虐待」となる。具体的には、殴る、蹴る、投げ落とす、激しく揺さぶる、やけどを負わせる、溺れさせる、首を絞める、縄などにより一室に拘束する、などの行為があげられる。

　　次に、第2条第2項は、「性的虐待」となる。具体的には、子どもへ性的行為をする、子どもに性的行為を見せる、子どもの性器を触る又は子どもに自分の性器を触らせる、子どもをポルノグラフィの被写体にする、などの行為があげられる。

　　そして、第2条第3項がネグレクトとなる。ネグレクトとは、ご飯を食べさせない、お風呂に入れない、一年中季節関係なく同じ服を着せる、病気なのに病院に連れていかない、「車の中に放置する」などの「放任」はもちろん、先ほどきょうだい間の暴力を見て見ぬふりをする事例を紹介したが、たとえば内縁関係の夫がわが子に身体的暴力、性的暴力、心理的暴力を振るっているにもかかわらず、これを見て見ぬふりをするなら、こ

れもまた同様に、保護者である母の「ネグレクト」ということになる。

　最後に、第2条第4項であるが、これは「心理的虐待」となる。心理的虐待の典型例としては、きょうだい間での差別や、「お前なんて中絶しておけばよかった」「お前が死んでくれれば私は幸せがつかめるのに」など、子どもを著しく傷付けるような暴言などがあげられるが、「配偶者に対する暴力」とあるように、子どもがドメスティック・バイオレンス（DV）を見聞きするのみであったとしても、保護者による子どもへの「心理的虐待」となる。

2　"しつけや教育"と児童虐待との違い

　それでは、児童虐待としつけなどとの違いは何であろうか。

　しつけや子どもの教育とは、人間社会・集団の規範、規律や礼儀作法など慣習に合った立ち居振る舞いができるように、大人が教えることと言えるのではないか。

　それに対して児童虐待とは先に確認したように、「殴る」「蹴る」「性的暴行をする」「食事を与えない」などの行為であり、人間社会における規範や規則、礼儀作法を子どもに教える場面において、「殴る」「性的暴行をする」「食事を与えない」などの行為は言語道断である。これらの行為は、大人による「力」「権力」の乱用であり、子どもへの人権侵害に他ならない。つまり、しつけとは程遠い話といえる。また、ニュースや新聞で見聞きするように、虐待者が子どもを「殴る」「蹴る」などの行為をする大人側の"動機"は、必ずしも教育的な場面において行われるとは限らない。

　以上のように、世間では、児童虐待がしつけや教育とどのように違うのか、境界線はどこかなどといった声が聞こえてくることもあるが、しつけや教育と児童虐待は、境界線云々のレベルの話ではなく、全く別次元の話だと言える。

　とはいえ、虐待をしている側の大人の中には、自分のしている行為を本気で"しつけの一環"だと思い込んでいるケースもある。そこで、たとえば保育現場等においては保育者として、子どものしつけや教育のためにやったという虐待者の気持ちを受け止めつつ、別の方法を提案したり、しつけについて共に考えたり、場合によっては虐待者のことを児童相談所等へ通告したりしなければならない。

　そこで次に、児童虐待の通告の義務について確認していく。

3　児童虐待の通告の義務

「児童福祉法」（要保護児童発見者の通告義務）

> 第25条　要保護児童を発見した者は、これを市町村、都道府県の設置する福祉事務所若しくは児童相談所又は児童委員を介して市町村、都道府県の設置する福祉事務所若しくは児童相談所に通告しなければならない。（抜粋）

「児童虐待の防止等に関する法律」（児童虐待に係る通告）

> 第6条　児童虐待を受けたと思われる児童を発見した者は、速やかに、これを市町村、都道府県の設置する福祉事務所若しくは児童相談所又は児童委員を介して市町村、都道府県の設置する福祉事務所若しくは児童相談所に通告しなければならない。
> 2　前項の規定による通告は、児童福祉法第25条第1項の規定による通告とみなして、同法の規定を適用する。
> 3　刑法（略）の秘密漏示罪の規定その他の守秘義務に関する法律の規定は、第1項の規定による通告をする義務の遵守を妨げるものと解釈してはならない。

　以上のように、児童虐待の通告の義務については、「児童福祉法」および「児童虐待の防止等に関する法律」、これら2つの法律において明記されている。

　「児童福祉法」には、被虐待児などの要保護児童を発見した者は、職種や年齢に関係なく、児童相談所や市町村に通告しなければならないとされている。そして、「児童虐待の防止等に関する法律」の第6条にも同様の内容が明記されているが、第6条第1項に「速やかに」とあるように、すぐに通告をしなければならないことが強調されている。さらに「児童虐待を受けたと思われる児童」については、それが結局は児童虐待ではなかったとしても、つまりそれがたとえ間違いであったとしてもかまわないという意味が含まれている。

　また第6条第3項には、守秘義務よりも児童虐待の通告の義務の方が勝る、つまり、通告の義務を果たさない言い訳として「守秘義務」を出してくることはその理由として妥当ではないとのことが明記されている。

　さらには、児童虐待を発見しやすい立場にある人や団体には、より積極的な児童虐待の早期発見及び通告が義務付けられていることを、次項で確認する。

4　児童虐待の早期発見の努力義務

「児童虐待の防止等に関する法律」(早期発見の努力義務) 2020(令和2年)4月1日改正法施行

> 第5条　学校、児童福祉施設、病院、都道府県警察、婦人相談所、教育委員会、配
> 偶者暴力相談支援センターその他児童の福祉に業務上関係のある団体及び学校の教
> 職員、児童福祉施設の職員、医師、歯科医師、保健師、助産師、看護師、弁護士、
> 警察官、婦人相談員その他児童の福祉に職務上関係ある者は、児童虐待を発見しや
> すい立場にあることを自覚し、児童虐待の早期発見に努めなければならない。
> 2　前項に規定する者は、児童虐待の予防その他の児童虐待の防止並びに児童虐待
> 　　を受けた児童の保護及び自立の支援に関する国及び地方公共団体の施策に協力す
> 　　るように努めなければならない。
> 5　学校及び児童福祉施設は、児童及び保護者に対して、児童虐待の防止のための
> 　　教育又は啓発に努めなければならない。

　以上のように、学校の教職員や保育士など児童福祉施設職員をはじめ、医師や保健師
は、児童虐待を発見しやすい立場にあることを自覚しなくてはならないこと、当然、早
期発見に努めなくてはならないことが第5条第1項に明記されている。さらには、学校
及び保育所などの児童福祉施設では、児童虐待防止活動にも努めなければならないこと
が明記されている。

5　児童虐待をめぐる今後の課題

　マスコミや新聞記事で目に留まるのが、児童が虐待により死亡してしまった場合の「児
童相談所たたき」である。児童相談所が適切な対応をしなかったとの報道がたびたびあ
るが、児童相談所がより適切な対応をすべきであったケースはなくはないものの、たと
えば市町村が虐待ケースの情報を知っていながら、それを児童相談所に伝えていない場
合や、学校や保育所、医療機関から児童虐待ケースの通告が適切に児童相談所になされ
なかったケース等も含まれていることはあまり報道されない。
　児童相談所に何度か通告したものの児童相談所は動かなかった等の報道も耳にする
が、児童相談所は緊急性の高い既にあるケースから優先的に動かざるを得ない。新規の
ケースについては、緊急性の有無を確認することが難しいためすぐに介入せねばと思う
ような「通告の仕方」を工夫する必要もあるのではないだろうか。あるいは、児童相談所
がなかなか動いてくれないと判断した時点で警察に通報する等、何とか救える命は救お
うとする社会全体の雰囲気作りが鍵となるはずである。全てを児童相談所の問題として
しまうことは簡単なことだが、そのことだけで、幼く尊い救えるはずの命が救えるはず

もないため、1人ひとりの意識を変革していくしかない。

　とはいえ、いざ児童相談所なりに通告しようと地域住民が思った際、各機関の電話番号など連絡先が容易に分かるかといえば、残念ながらそうではない。したがって、児童相談所や福祉事務所、市町村の虐待通告窓口の連絡先などを社会全体に周知していくことが、最初の課題となるのではないか。

　また、地域住民が連絡先を知らないということと同様、虐待を受けている当の本人である被虐待児、あるいは虐待者ではないもう一方の保護者なども、相談先の連絡方法、つまりどのようにすれば虐待環境から逃れられるのかについての術を知り得ていないケースが多いはずである。

　最近では、保育所や小学校等に民間団体が足を運び、相談先の連絡方法を伝授したり、学校の教員等が電話番号の一覧を児童に配布しているケースもあるにはある。これらの情報、自分自身を守る術などをより徹底して児童に伝えていくことと同時進行的に、先述した、医療機関や学校からの児童虐待通告を的確に実行していくことが、児童相談所なり警察なりの介入を実現させていくことに繋がるのではないだろうか。また、保育所や小学校等に所属していない子どもに関しては、保健師や小児科による把握、そして乳幼児を含めた子ども全てに対して、地域社会での取り組みが頼みの綱となるのである。

　あるいは、通告は匿名でも可能であるという情報提供を徹底することにより、地域住民や、直接的虐待加害者ではない保護者等による児童相談所等への通告が実現するはずである。

　児童虐待を発見した際の主な通告先・相談先は以下のところである。

・児童相談所　　・福祉事務所　　・警察　　・市町村　　・保健所

　これらの通告先の電話番号が地域社会に周知され、適切に通告されることにより尊い命が守られなければならない。

　そして何より、そもそも児童虐待が起こらないような社会作りが必須である。児童虐待の発生予防の1つには、保護者や子どもの社会からの孤立をなくすことがあげられる。

●第2節　ドメスティック・バイオレンス（DV）とは

　ドメスティック・バイオレンス（DV）も、児童虐待と同様で、近年新聞やテレビのニュースで話題になったりと、その名を知らない者はいないといっても過言ではない。それでは、我々がよく耳にするDVとは具体的にどのようなものかなど詳しく見ていく。

　まず、DVに関する法律として、「配偶者からの暴力の防止及び被害者の保護等に関する法律」がある。以下で詳しく見ていくが、最初に前文を確認する。

「配偶者からの暴力の防止及び被害者の保護等に関する法律」

　　我が国においては、「日本国憲法」に個人の尊重と法の下の平等がうたわれ、人権の擁護と男女平等の実現に向けた取組が行われている。

　　ところが、配偶者からの暴力は、犯罪となる行為をも含む重大な人権侵害であるにもかかわらず、被害者の救済が必ずしも十分に行われてこなかった。また、配偶者からの暴力の被害者は、多くの場合女性であり、経済的自立が困難である女性に対して配偶者が暴力を加えることは、個人の尊厳を害し、男女平等の実現の妨げとなっている。

　さて、ここで言われていることを簡潔に述べると、「日本国憲法」では「法の下の平等」がうたわれているにもかかわらず、たいていのケースが夫から妻への暴力、つまりDV被害者のほとんどが女性といえ、このことが「法の下の平等」に反しており、男女平等の実現の妨げとなっている、とのことである。そして、女性がDV被害者となってしまう傾向にある理由として、女性の経済的自立の困難があげられている。

　このように、DVの被害者のほとんどが女性であることから、DV被害者のことを「バタード・ウーマン」と一般的にいう。

　それでは以下で、「配偶者からの暴力の防止及び被害者の保護等に関する法律」の中で核となる箇所を抜粋しておく。

「配偶者からの暴力の防止及び被害者の保護等に関する法律」

　第1条　この法律において「配偶者からの暴力」とは、配偶者からの身体に対する暴力（身体に対する不法な攻撃であって生命又は身体に危害を及ぼすものをいう。以下同じ。）又はこれに準ずる心身に有害な影響を及ぼす言動（以下この項及び第28条の2において「身体に対する暴力等」と総称する。）をいい、配偶者からの身体に対する暴力等を受けた後に、その者が離婚をし、又はその婚姻が取り消された場合にあっては、当該配偶者であった者から引き続き受ける身体に対する暴力等を含むものとする。

第6条　配偶者からの暴力（配偶者又は配偶者であった者からの身体に対する暴力に限る。以下この章において同じ。）を受けている者を発見した者は、その旨を配偶者暴力相談支援センター又は警察官に通報するよう努めなければならない。

2　医師その他の医療関係者は、その業務を行うに当たり、配偶者からの暴力によって負傷し又は疾病にかかったと認められる者を発見したときは、その旨を配偶者暴力相談支援センター又は警察官に通報することができる。この場合において、その者の意思を尊重するよう努めるものとする。

3　刑法（明治40年法律第45号）の秘密漏示罪の規定その他の守秘義務に関する法律の規定は、前2項の規定により通報することを妨げるものと解釈してはならない。

4　医師その他の医療関係者は、その業務を行うに当たり、配偶者からの暴力によって負傷し又は疾病にかかったと認められる者を発見したときは、その者に対し、配偶者暴力相談支援センター等の利用について、その有する情報を提供するよう努めなければならない。

第10条　被害者（略）が、配偶者からの身体に対する暴力を受けた者である場合にあっては配偶者からの更なる身体に対する暴力（略）により、配偶者からの生命等に対する脅迫を受けた者である場合にあっては配偶者から受ける身体に対する暴力（配偶者からの生命等に対する脅迫を受けた後に、被害者が離婚をし、又はその婚姻が取り消された場合にあっては、当該配偶者であった者から引き続き受ける身体に対する暴力。同号において同じ。）により、その生命又は身体に重大な危害を受けるおそれが大きいときは、裁判所は、被害者の申立てにより、その生命又は身体に危害が加えられることを防止するため、当該配偶者（略）に対し、次の各号に掲げる事項を命ずるものとする。ただし、第2号に掲げる事項については、申立ての時において被害者及び当該配偶者が生活の本拠を共にする場合に限る。

1　命令の効力が生じた日から起算して6月間、被害者の住居（略）その他の場所において被害者の身辺につきまとい、又は被害者の住居、勤務先その他その通常所在する場所の付近をはいかいしてはならないこと。

2　命令の効力が生じた日から起算して2月間、被害者と共に生活の本拠としている住居から退去すること及び当該住居の付近をはいかいしてはならないこと。

　以上のことから、第1条では、DVとは婚姻中の者に対してのみではなく、離婚後など過去に「親密な関係にあった」元夫なども対象となっていることが確認できる。

　そして第6条では、DVを発見した者や医師は、配偶者暴力相談支援センターもしくは警察に通告しなければならない努力義務について明記されており、通告の義務を守秘義務が妨げてはならないとされている。また医師はDV被害者に対し、配偶者暴力相談支援センターに関する情報を提供する努力義務があるとされている。

　そして第10条には「保護命令」について明記されているが、これは後程詳しく確認する。

1　DVの種類

　まず、DVにはどのような種類があるかについて確認する。

（1）身体的暴力……殴る、蹴る、髪を引っ張る、など
（2）精神的暴力……怒鳴る、脅す、人前で馬鹿にする、子どもやペットに暴力を
　　　　　　　　　　　振るう、など
（3）性的暴力………無理やり性行為を強要する、避妊に協力しない、中絶を繰り
　　　　　　　　　　　返しおこなわせる、など
（4）経済的暴力……生活費を渡さない、仕事に行かせない、など
（5）社会的隔離……行動を監視して制限する、友人や親族などの付き合いを妨害
　　　　　　　　　　　する、など

　以上のように、DVとは殴る、蹴るなどの暴力のみではない。特徴としては、加害者は被害者に親族や友人との交流も絶たせ、社会的に孤立させるため、DVに悩む被害者は暴力について悩んでいたとしても、相談できる状況でなくなってしまうということである。

　では、次にDVの特徴とされるDVサイクルについて確認していく。

2　DVのサイクル

　DVは「支配とコントロール」であり、また一定のサイクルがある。それはアメリカの心理学者レノア・E・ウォーカーが説いた"蓄積期"、"爆発期"、"ハネムーン期"の3つの構成期間を循環し、暴力は繰り返される。「蓄積期」とはイライラはするが暴力を我慢し、そのためイライラが蓄積されていく時期である。実際に暴力こそ振るわないものの、被害者はいつ暴力を振るわれるのかと常にビクビクと緊張状態にある。そして加害者の蓄積されたイライラが一挙に爆発し、実際に暴力を振るうことになるが、この時期が「暴

力の爆発期」である。そして、DV加害者は散々暴力を振るった後、暴力を振るっていた状態とは一変し、被害者に謝ってきたりプレゼントを贈ってきたりする。この時期のことを「ハネムーン期」といい、一見優しく見えるが「下手に出るコントロール」と呼ばれることもある。被害者は「この優しい彼が本当の彼」と錯覚しコントロールされ、暴力はいつかなくなるだろうと、夫から離れようとしないケースが多い。

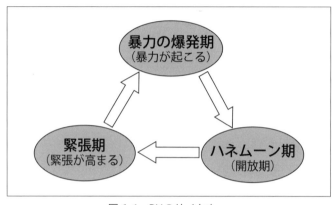

図6-1　DVのサイクル

レノア・E・ウォーカー『バタードウーマン』より筆者作成

　以上のように、DV被害者が加害者から逃げない理由を見てきたが、次項でさらに詳しく見ていく。

3　DV被害者が加害者から逃げない・逃げられない理由

　前項でDVにはサイクルがあり、その中のハネムーン期においてDV加害者が被害者にとても優しくなるため、いつか暴力はおさまり、このハネムーン期がずっと続いてくれるはずだとの根拠のない思い込みにより、被害者が加害者のもとを去らないことは紹介した。

　その他にも、被害者が加害者から逃げない・逃げられない理由があるので、以下で紹介しておく。

（1）経済的理由………自分には生活力がないので夫の稼ぎが必要、など

（2）心理的恐怖………逃げて見つかれば夫に連れ戻されたり、もっとひどい暴力を受ける／親族や友人に矛先が向いてしまうかもしれない、など

（3）共依存…………加害者との関係性に依存してしまっている、など

（4）深い絶望感………公的機関や警察の不親切な対応により、やはり逃げることなんてできないと絶望する、など

（5）情報不足…………どこに相談、あるいは逃げてよいのか分からない、など

　あるいは、「ストックホルムシンドローム症候群」という心理状態が関係している。これは1973（昭和48）年、スウェーデンのストックホルムで、強盗が人質を取り立てこもる事件から付けられた名前である。

　この立てこもり事件において、監禁が長時間になるにつれて、人質にとられた人々が犯人に気遣いをしたり相談にのる、見張りに立つなど犯人に対して好意を示すという心理状態に陥ったという現象が起こった。つまり、ストックホルムシンドローム症候群というのは、閉ざされた空間において連続的に生命の危機や緊張を受けると自分の身を守るため無意識に脅威の存在に好意を持ち好意を示すことにより、脅威から自分の身を守ろうとする心理である。

　そしてDVの被害者の中にも、ストックホルムシンドローム症候群の状態に陥るケースがある。つまり、"家"という閉ざされた空間において暴力を受けるうちに、嫌いになり離れたくなるはずのDV加害者に対して「私にはこの人が必要」、その反対の「この人には私が必要」という心理状態に陥り、加害者から逃げずに暴力を受けつづけるのである。

　以上が、DV被害者が加害者から「逃げられない」主な理由であるが、相談先を知らない人も多いので、次項で相談窓口および避難場所を紹介しておく。

4　相談窓口および避難場所

　被害者の中には、相談したくてもどこに相談していいのか分からないといったことも多々あるので、相談窓口を以下に紹介しておく。

・配偶者暴力相談支援センター　・福祉事務所　・婦人相談所　・警察署
・女性センター　・保健所　・精神保健福祉センター　・法務局人権相談
・児童家庭支援センター　・児童相談所　・弁護士会人権法律相談
・法テラス

　また生命に危険を感じたり、離婚を決意したが離婚を切り出せば何をされるかわからないといった場合は、警察署に相談をしたり被害届を出したり、あるいはシェルターに避難すれば、自立まで支援を受けることができる。行政機関のシェルター等は、DV加害者に場所が知られないよう、所在地等が一般公開されていないなどの工夫や対策がされているので、まずは行政機関に相談することが第一となる。

　特に、子どもがいる場合は児童相談所に相談することもでき、法律的な相談が必要であれば無料法律相談の利用等も可能である。

　以上のような相談窓口、避難場所に加えて、被害者が自分や子ども等の身を守るために「保護命令」があるので、次項で確認しておきたい。

5　保護命令

　保護命令とは、第2節の初めで示した「配偶者からの暴力の防止及び被害者の保護等に関する法律」第10条にもあるように、警察に訴えるのではなく、被害者が裁判所（地方裁判所）に申立てることにより、裁判所から加害者に対し「保護命令」が出されるものとなっている。

　そして、この保護命令には主に2種類あり、接近禁止命令が6か月、退去命令が2か月と期間が定められている。もし、加害者が保護命令に違反した場合には、1年以下の懲役、または100万円以下の罰金に処されることになる。ちなみに、保護命令事件の既済件数は2002（平成14）年1,398件だったのが、2014（平成26）年には3,000件以上となっている。2016（平成28）年の保護命令の発令件数は2,082件であった。

　その他の保護命令の種類には、電話等禁止命令、子への接近禁止命令、そして、親族等への接近禁止命令がある。

6　デートDV

　2014（平成26）年、「配偶者からの暴力の防止及び被害者の保護等に関する法律」は改正され、同居している恋人間の暴力についても保護の対象となった。そして実際に被害の申し立てを受けた全国の裁判所が2015（平成27）年10月末までに計443件の保護命令を発令したことが、最高裁の集計で分かっている。

　このような未婚の恋人間の暴力は、「デートDV」と呼ばれ、その名称も存在も、社会的に認知されつつある。しかし、高校生など、交際相手と同居していない被害者における「デートDV」は、現在でも保護の対象外となっている。

　今後の課題としては、同居していない恋人からのDV被害者の保護について当然検討すべきである。ただし、保護命令が適用されない状況においても、「刑法」や「ストーカー規制法」が適用できる可能性があるため、まずは弁護士に相談することが重要である。

7　DVをめぐる今後の課題

　現在の社会システム、社会制度からすると、DV被害者が自分の身を守ろうとした時、DV加害者と共に生活してきた場所を離れることしかできないと言っても過言ではない。しかし、よく考えてみると、これは非常に奇妙なことであり、大変理不尽なことだと言える。なぜなら、加害者ではなく被害者が住み慣れたわが家を離れるということは、まずお金がかかる。被害者は、引越しをするにも、一時的にホテルに避難するにも、たとえ行政機関等において避難生活をすることになったとしても、そこまでの交通費も必要であり、衣類を持ち出す余裕等あるわけもない。また物だけではなく、たとえば避難す

る時子どもが一緒の場合、子どもの学校や習い事、友達との突然の別れを経験する。あるいは、DV被害者自身においても、周囲にそれを知らせることもできず、また、知らせることで親族や知人に迷惑がかかると判断し、避難場所や連絡先を知らせず新たな生活を始めざるを得ないような場合は、自分の両親や知り合いとの関係が全て断ち切られることにもなる。つまり、DV被害者やその子どもは、被害者であるにもかかわらず、お金や住まい、大事な親族、そして社会生活さえも奪われてしまう状態にある。

　さらには、先述したように、DV被害者は必要な物を持ち出して避難できる余裕がないため、預金通帳や印鑑、パスポート、保険証等々持参しておらず、新住居に住むことが困難である。またたとえ保険証が手元にあったとしても、避難先や新住居にて医療機関にかかると、被害者が加害者に扶養されている場合のみではあるが、居場所が加害者にばれてしまったりして連れ戻される危険性が高くなるため、医療機関を受診したとしてもDV被害者やその子どもが保険を利用せず医療費を10割負担しているケースも多々ある。

　そして居場所がばれないようにするためには、基本的には住民票を避難先の現住地に変更してはならない。すると、子どもの保育所や学校の問題が発生し、また市町村からサービスが受けられなくなったりと、日常生活に多大な悪影響がある。

　以上のように、DV被害者は、たしかに暴力からは逃げられたかもしれないが、生活が大変困難で不便になるといった、また新たに苛酷な環境に身を置かざるを得なくなるのが現状である。

　慰謝料や養育費の確実な支払い、DV被害者への就職支援、公的な住宅への優先的入居、さらには被害者やその子どもへの精神的ケア等、DVをめぐる課題は多大である。そして忘れてはいけないことが、被害者がこれほどの過酷な境遇となってしまうのに対し、加害者が住居も変わらず何不自由ない生活が継続できてしまうといった不公平な状態への介入や、加害者矯正プログラムの実施等も重要な課題といえることである。

（小宅　理沙）（上田　庄一）

▶ 参考文献

流石智子監・浦田雅夫編『知識を活かし実力をつける子ども家庭福祉』保育出版社、2013年

内閣府編『共同参画　9月号』第93号、2016年

『毎日新聞』「デートDV法改正 全国で443件の保護命令」2016年1月4日

裁判所　COURTS IN JAPAN HP　http://www.courts.go.jp/（2016年10月4日確認）

斎藤学監訳・穂積由利子訳　レノア・E・ウォーカー『バタードウーマン』金剛出版、1997年

〔コラム１〕

❖ 母子生活支援施設の母子のストレングスと愛着関係 ❖

　母子生活支援施設は、「児童福祉法」第38条に規定された児童福祉施設であり、様々な状況下に置かれている母子が入所している。配偶者からの暴力被害、未婚女性、離婚、障害、借金などであり、配偶者のいない育児困難な母子が保護され入所している。母子支援員、少年指導員を配置し、母親、子ども各々への個別的な支援、さらに母子関係の調整等、関係性に着目した支援を行っている。できる限り母子分離を避け、母子がともに地域での自立した生活をおくることを目標にしている。[1]

　全国母子生活支援施設協議会が行った母子生活支援施設の実態調査『平成18年度全国母子生活支援施設実態調査報告書』（2007）では、母子生活支援施設に入所した世帯のうち、48.7％の世帯が、「夫などの暴力（DV）」を主な理由として入所している。『平成26年度全国母子生活支援施設実態調査報告書』（2015）でも2006（平成18）年の報告と同様、入所理由は「夫などの暴力」が増加し続けており、約半数（50.6％）を占めている。「児童虐待」による入所も増加傾向にある。[2]

　DVは人間としての尊厳を奪い取る。母親は自身の夫の暴力から逃げることができない無力感、子どもたちの目の前で暴力を受けていることの屈辱感、子どもを守ることができない罪悪感等があり、徐々に自信をなくし自己評価も低くなる。母親の自己評価の回復には、心理的な支援とともに、職員が理解してくれる大人として生活の場で寄り添うことが不可欠である。自己肯定感の低さから等身大の自分へととり戻す日々の営みが、回復への道のりである。[3]

　筆者が、施設職員当時、母子のストレングスを強く感じた一例を紹介する。

　実子である長女（当時15歳）、長男（当時９歳）の２人を連れて再婚した。再婚相手は息子だけ一緒に食事を取ることを許さず、息子は台所の床で1人で食べさせられ、日々罵りを受け、食事量も減らされていった。母親が陰でかばっていることがわかれば、たちまち再婚相手の機嫌が悪くなり、今度は母親自身も罵られ手をあげられることもあった。「お母さん、もう僕死にたい」と長男が言ったことから、「これではいけない」と思い、家を出た。その折、長女は、実父と一緒に生活することになり、母親と長男が施設入所することになった。

　母親自身は、生活のためや配偶者から見捨てられたくない気持ち、再び離婚することになるという恐れ等から（社会からの偏見）、長男への虐待を黙認していた。だが、我が子が「死」を言葉にしたことから、母親として我に返ったのだと推察する。また子ども自身も大変辛い心情を母親に訴えることが出来た。

　我々は母親がそこまで子どもを思い詰めさせたというマイナス面に着眼するのではなく、そこが母子のターニングポイントと考え支援する。母親ならば子どもを守ることは当然のことと以前から言われてきた。しかし、本事例のように家庭内で支配下に置かれている状況では、日々恐怖を感じながら、怯えて生活していることが容易に想像できる。このような心理状態や状況の中、次の行動に移行することは大変勇気のいることである。子どもは本当に辛い思いをしていただろうと大変胸が痛む。

　筆者にとって母のストレングスを強く感じた忘れられない事例である。

　母子生活支援施設職員同士の研修会にてこの事例を取り上げた。その際に、スーパーバイザーとして招いた臨床心理士の講師から、精神的に限界状態で発した子どもの言葉と母親の起こした行動が母子のターニングポイントであったと言われ、筆者の見立てが間違いでなかったのだと意を強くした。

　母子家庭は、親子の関係性がネガティブな意味合いで母子密着型の傾向が強いとの評価が多い。今回の事例の母子も入所後、母親は息子（当時11歳）が足の指に自分で歩ける程度の怪我をした際に、自転車の後ろに乗せ、通学の送迎をした。この様子は周囲から、ネガティブな母子密着型だという声が聞こえてきたが、筆者自身はこれまで年齢に見合った愛着形成がされてこなかったため、愛着再形成の貴重な時間と考えた。

　施設職員や支援者は母子のストレングスやターニングポイントに着眼出来るよう、常にアンテナを張り巡らせることが重要である。夫の支配下、次の行動に移すことが出来た勇気を認め、支援していくことが重要であり、このことが母子の自己評価の回復につながっていくと考える。

※本コラムは登場する人物が特定されないように、年齢・性別・家族構成等の事実関係に若干の変更を加えている。

1)、3)　岩田美香（2007年〜2010年）母子生活支援施設の現代的役割に関する研究　科学研究費補助金研究成果報告書　(https://kaken.nii.ac.jp/grant/KAKENHI-PROJECT-19330125/)
2)　社会福祉法人全国社会福祉協議会・全国母子生活支援施設協議会『平成26年度全国母子生活支援施設実態調査報告書』（2015）

（仲森　みどり）

参考文献
仲森みどり「ICFの環境因子の観点から見た母子生活支援施設に入所する母の子育ての困難さ及び社会参加の制限に関する研究」愛知文教女子短期大学研究紀要(40)pp.61–74(2019)

<table>
<tr><td rowspan="2">第
7
章</td><td rowspan="2">社会的養護</td></tr>
</table>

第 7 章	社会的養護

●第1節　社会的養護とは

　厚生労働省は「社会的養護とは、保護者のいない児童や、保護者に監護させることが適当でない児童を、公的責任で社会的に養育し、保護するとともに、養育に大きな困難を抱える家庭への支援を行うこと」としている。また、社会的養護の理念については、「子どもの最善の利益のために」と「社会全体で子どもを育む」を掲げている。

　そして社会的養護の体系には、大きく二つに分けて、①施設養護と②家庭養護[1]がある。①施設養護には、児童福祉施設を中心とした施設における子どもの養護があり、②家庭養護の代表的なものには里親制度やファミリーホームがあげられる。

表7-1　施設養護、家庭養護

社会的養護	①施設養護	児童養護施設 乳児院 母子生活支援施設 児童心理治療施設（旧・情緒障害児短期治療施設） 児童自立支援施設 自立援助ホーム
	②家庭養護	里親 小規模住居型児童養育事業（ファミリーホーム）

筆者作成

---

1)　家庭養護・家庭的養護

　2012（平成24）年1月16日 社会保障審議会児童部会社会的養護専門委員会の資料3-1『「家庭的養護」と「家庭養護」の用語の整理について』における整理を指す。里親及びファミリーホームは、保護の必要な子どもを養育者の家庭に迎え入れて養育を行う「家庭養護」であるという理念を明確にするため、「家庭養護」と「家庭的養護」の用語を区別し、「施設養護」に対する言葉としては、里親等には「家庭養護」を用い、施設において家庭的な養育環境を目指す小規模化の取り組みには、「家庭的養護」を用い、両者を併せて言う時は、これまで通り、「家庭的養護の推進」を用いることとするとしている。

ここで、日本が1994（平成 6 ）年に批准した「児童の権利に関する条約」の第20条第 1 項・第20条第 2 項・第20条第 3 項をみてみる。

第20条
1 　一時的若しくは恒久的にその家庭環境を奪われた児童又は児童自身の最善の利益にかんがみ、その家庭環境にとどまることが認められない児童は、国が与える特別の保護及び援助を受ける権利を有する。
2 　締約国は、自国の国内法に従い、 1 の児童のための代替的な監護を確保する。
3 　 2 の監護には、特に、里親委託、イスラム法のカファーラ、養子縁組又は必要な場合には児童の監護のための適当な施設への収容を含むことができる。
　（以下、略）

　この第20条では、児童虐待の被害に遭っている場合など家庭環境にとどまることが認められない児童は国により保護され援助される権利があること、そしてその援助は、自国の国内法に従って社会的養護を実施することが指摘されている。
　さらに、第20条第 3 項からは、社会的養護のあり方においては、里親委託やカファーラなどの家庭養護（表6–1②）の優先が推奨されていることが分かる。しかし、日本の里親等委託率（里親及びファミリーホームへの委託率）は19.7％（2017（平成29）年度）にとどまっているのが現状である。そこでこのような状況のもと、日本では施設養護においても、小規模グループケアのような家庭的養護に近い環境作りに取り組んでいる。次節では、施設養護および家庭養護について詳しくみていく。

●第 2 節　施設養護

1　児童福祉施設

　「児童福祉法」第 7 条において、次の12種類の施設が児童福祉施設と定義されている。それは、助産施設、乳児院、母子生活支援施設、保育所、幼保連携型認定こども園、児童厚生施設、児童養護施設、障害児入所施設、児童発達支援センター、児童心理治療施設（旧・情緒障害児短期治療施設）、児童自立支援施設、児童家庭支援センターである。
　そして、社会的養護が必要な子どものための施設養護は、児童福祉施設の、①児童養護施設、②乳児院、③母子生活支援施設、④児童心理治療施設（旧・情緒障害児短期治療施設）、⑤児童自立支援施設があり、そして児童福祉施設には区分されていないが、

これらの施設を退所した後に利用する自立援助ホームもある[2)]。なお自立援助ホームは、児童自立生活援助事業に分類されている。そして施設養護では、できる限り家庭的な環境で、安定した人間関係の下で育てることができるよう、施設のケア単位の小規模化(小規模グループケア)やグループホーム化などが推進されている。以下で詳細をみていく。

（1）児童養護施設

　保護者のない児童や保護者に監護させることが適当でない児童に対し、安定した生活環境を整えるとともに、生活指導、学習指導、家庭環境の調整等を行いつつ養育を行い、児童の心身の健やかな成長とその自立を支援する機能を持つ。児童養護施設では、虐待を受けた子どもは59.5％、何らかの障害を持つ子どもが28.5％と増加しており、専門的なケアの必要性が増している。大舎制、中舎制、小舎制、地域小規模児童養護施設(グループホーム)、小規模グループケア(ユニットケア)がある。

（2）乳児院

　乳児院は、保護者の養育を受けられない乳幼児を養育する施設である。乳幼児の基本的な養育機能に加え、被虐待児・病児・障害児などに対応できる専門的養育機能がある。短期の利用は、子育て支援の役割であり、長期の在所では、乳幼児の養育のみならず、保護者支援、退所後のアフターケアを含む親子再統合支援の役割を担っている。児童相談所の一時保護所は、乳児への対応ができない場合が多いことから、乳児については乳児院が児童相談所から一時保護委託を受け、アセスメントを含め、実質的に一時保護をする。また、乳児院は、地域の育児相談や、ショートステイ等の子育て支援機能も担っている。

（3）母子生活支援施設

　母子生活支援施設は、従来は、生活に困窮する母子家庭に住む場所を提供する施設であり、「母子寮」の名称であったが、1997(平成9)年の「児童福祉法」改正で、施設の目的に「入所者の自立の促進のためにその生活を支援すること」を追加し、名称も変更された。近年、DV被害者(入所理由が夫等の暴力)が入所者の約50％を占め、虐待を受けた児童が入所児童の約40％を占めている。また、精神障がいや知的障がいのある母や、発達障がいなど障がいのある子どもも増加している。「母子が一緒に生活しつつ、共に支援を受けることができる唯一の児童福祉施設」という特性を活かし、保護と自立支援の機能の充実が求められている。利用者の就労収入は、母子家庭の中でもさらに低く、平均収入は120万円ほどである。

---

2)　その他の児童福祉施設に、助産施設、保育所、幼保連携型認定こども園、児童厚生施設、障害児入所施設、児童発達支援センター、児童家庭支援センターがある。

（4） 児童心理治療施設（旧・情緒障害児短期治療施設）

　児童心理治療施設は、心理的・精神的問題を抱え日常生活の多岐にわたり支障をきたしている子どもたちに、医療的な観点から生活支援を基盤とした心理治療を行う施設である。施設内の分級など学校教育との緊密な連携を図りながら、総合的な治療・支援をしている。学校教育は、施設内の分教室や分校を持つ場合がほとんどであるが、近隣の学校の普通学級、特別支援学級に通う場合もある。本施設では、施設全体が治療の場であり、施設内で行っている全ての活動が治療であるという「総合環境療法」をとっている。具体的には、仲間作りや集団生活が苦手で、様々な場面で主体的になれない子どもに、施設内での生活や遊び、行事を通じて、主体性を取り戻したり、協調性を育てたりする等の手助けを行っている。また、併せて、子どもに関わる職員全員が協力し、連携しながら個々の子どもの治療目標を達成できるよう、本人と家族を援助している。比較的短期間（平均在所期間2.1年）で治療し、家庭復帰や、里親・児童養護施設での養育につなぐ役割がある。また、通所部門を持ち、在宅通所での心理治療等の機能のある施設も存在する。本施設では、児童精神科等の医師に常時連絡がつき対応できる体制があり、また、心理療法担当職員の配置が厚く、アセスメント、コンサルテーション、心理療法やカウンセリングを行っている。入所児は、何らかの障害等のある子どもが72.9％を占めている。

　2017（平成29）年4月1日の「児童福祉法」改正により、「情緒障害児短期治療施設」から名称を変更し、「児童心理治療施設」となった。

（5）児童自立支援施設

　子どもの行動上の問題、特に非行問題を中心に対応する児童自立支援施設は、1997（平成9）年の「児童福祉法」改正により、「教護院」から名称を変更し、「家庭環境その他の環境上の理由により生活指導等を要する児童」も対象に加えた。通所、家庭環境の調整、地域支援、アフターケアなどの機能充実を図りつつ、非行ケースへの対応はもとより、他の施設では対応が難しくなったケースの受け皿となっている。小舎夫婦制や、小舎交代制という支援形態で展開してきた施設である。また、「少年法」に基づく家庭裁判所の保護処分等により入所する場合もあり、これらの役割から、「児童福祉法」では、都道府県等に児童自立支援施設の設置義務が課せられており、大多数が公立施設となっている。

（6）自立援助ホーム（児童自立生活援助事業）

　自立援助ホーム（児童自立生活援助事業）は、義務教育を終了した満20歳未満の児童等や、大学等に在学中で満22歳になる年度の末日までにある者（満20歳に達する日の前日に自立援助ホームに入居していた者に限る）であって、児童養護施設等を退所したもの又はその他の都道府県知事が必要と認めたものに対し、これらの者が共同生活を営む

住居(自立援助ホーム)において、相談その他の日常生活上の援助、生活の指導、就業の支援等を行う事業である。

2　児童養護施設の形態の現状

　近年、児童養護施設においては、その形態をできる限り家庭的な養護に近づけるような取り組みが進められている。たとえば、1養育単位当たり定員数が20人以上の大舎制といわれる従来型の児童養護施設は、2008(平成20)年には7割を占めていた。しかしその後、施設養護の小規模化が進み、2012(平成24)年3月には大舎制が5割にまで減少した。これは、家庭的養護が推進されてきたからである。

　そして従来型の大舎制からどのような変化をとげてきたかというと、1養育単位当たり定員数が13～19人の中舎制の導入や、1養育単位当たり定員数が12人以下の小舎制の導入、あるいは地域の一軒家を利用するなどした定員数6名の地域小規模児童養護施設(グループホーム)の導入がなされてきた。児童養護施設の小規模グループケアの定員は、6人以上8人以下である。

表7-2　社会的養護の現状　施設数・定員・入所者数等

施設	乳児院	児童養護施設	児童心理治療施設	児童自立支援施設	母子生活支援施設
対象児童	乳児(特に必要な場合は、幼児を含む)	保護者のない児童、虐待されている児童その他環境上養護を要する児童(特に必要な場合は、乳児を含む)	家庭環境、学校における交友関係その他の環境上の理由により社会生活への適応が困難となった児童	不良行為をなし、又はなすおそれのある児童及び家庭環境その他の環境上の理由により生活指導等を要する児童	配偶者のない女子又はこれに準ずる事情にある女子及びその者の監護すべき児童
施設数	136ヵ所	603ヵ所	46ヵ所	58ヵ所	232ヵ所
定員	3,877人	32,613人	2,049人	3,686人	4,740世帯
入所者数	2,901人	27,288人	1,399人	1,395人	3,330世帯児童4,479人

※施設数、定員、現員は家庭福祉課調べ(平成25年10月1日現在)
※児童自立支援施設は、国立2施設を含む

「第14回新たな社会的養育の在り方に関する検討会(参考資料)」2017年より筆者作成

●第3節　家庭養護

1　里親制度

　「児童福祉法」第6条の4には、里親制度について規定されている。里親とは「厚生労働省令で定める人数以下の要保護児童を養育すること」を希望する者であり、「都道府県知事が第27条第1項第3号の規定により児童を委託する者として適当と認めるもの」をいう。そして里親の種類には、①養育里親、②専門里親、③養子縁組里親、④親族里親、がある。

（1）養育里親

　保護者のいない児童又は保護者に監護させることが不適当であると認められる児童を養育することを希望し、かつ、厚生労働省令で定める要件を満たすものであって都道府県知事が要保護児童を委託するものとして適当と認め、養育里親名簿に登録されたものをいう。

（2）専門里親

　厚生労働省令で定める要件に該当する養育里親であり、①児童虐待等の行為により心身に有害な影響を受けた児童、②非行のある若しくは非行に結び付くおそれのある行動をする児童、又は③身体障害、知的障害、若しくは精神障害がある児童、のうち都道府県知事がその養育に関し特に支援が必要と認めたものを養育するものとして、養育里親名簿に登録されたものをいう。

（3）養子縁組里親

　要保護児童を養育することを希望する者であって、養子縁組によって養親となることを希望するもののうち、都道府県知事が児童を委託する者として適当と認めるものをいう。

（4）親族里親

　要保護児童の扶養義務者及びその配偶者である親族であって、要保護児童の両親その他要保護児童を現に監護する者が死亡、行方不明、拘禁、疾病による入院等の状態となったことにより、これらの者による養育が期待できない要保護児童の養育する者のうち、都道府県知事が児童を委託する者として適当と認めるものをいう。

　その他の里親に、週末里親や季節里親などがある。これらの里親は、週末や夏休み・盆・正月などを利用して、児童福祉施設等に入所している子どもを継続してホームステイの

ような形で家庭に迎え入れる里親である。

　また、里親の認定・登録において、里親には「児童の養育についての理解及び熱意並びに児童に対する深い愛情を有していることなどが求められ」、また養育里親、専門里親については、「養育可能な年齢であるかどうかを判断し、年齢の上限については柔軟な対応をする。養子縁組を前提とする里親は、子どもが20歳に達した時に、里親の年齢が概ね65歳以下であることが望ましい」とされている。そして、厚生労働省雇用均等・児童家庭局長通知による「里親制度の運営について」別紙「里親制度運営要綱」によると里親要件は以下となっている。

＜養育里親の認定要件＞
① 要保護児童の養育についての理解及び熱意並びに児童に対する豊かな愛情を有していること。
② 経済的に困窮していないこと（要保護児童の親族である場合を除く）。
③ 都道府県知事が行う養育里親研修を修了していること。
④ 里親本人又はその同居人が欠格事由に該当していないこと。

＜専門里親の認定要件＞
① 養育里親の認定要件①から④までのすべてに該当すること。
② 次の要件のいずれかに該当すること。
　ア 養育里親として３年以上の委託児童の養育の経験を有すること。
　イ ３年以上児童福祉事業に従事した者であつて、都道府県知事が適当と認めたものであること。
　ウ 都道府県知事がア又はイに該当する者と同等以上の能力を有すると認めた者であること。
③ 専門里親研修を修了していること。
④ 委託児童の養育に専念できること。

＜養子縁組里親の認定要件＞
① 養育里親の認定要件①、②及び④のすべてに該当すること。
② 養子縁組によって養親となることを希望する者であること。

＜親族里親の認定要件＞
① 養育里親の認定要件①及び④に該当すること。
② 要保護児童の扶養義務者及びその配偶者である親族（３親等以内）であること。
③ 要保護児童の両親その他要保護児童を現に監護する者が死亡、行方不明、拘禁、疾病による入院等の状態となったことにより、これらの者による養育が期待できない

要保護児童の養育を希望する者であること。

2　小規模住居型児童養育事業（ファミリーホーム）

　ファミリーホームは、「養育者の家庭に子どもを迎え入れて養育を行う家庭養護の一環として、保護者のない児童又は保護者に監護させることが不適当であると認められる児童に対し、この事業を行う住居（ファミリーホーム）において、児童間の相互作用を活かしつつ、児童の自主性を尊重し、基本的な生活習慣を確立するとともに、豊かな人間性及び社会性を養い、子どもの自立を支援することを目的とするものを指す」とされている。委託児童の定員は5人又は6人である。

　そして、養育者の形態や条件は以下となっている。

（1）「夫婦である2名の養育者＋補助者1名以上」又は「養育者1名＋補助者2名以上」
　　で養育する。
（2）養育者はファミリーホームに生活の本拠を置くものでなければならない。
（3）養育者の要件は、養育里親の経験者のほか、乳児院、児童養護施設等での養育の経
　　験がある者。
（4）養育者は、「児童福祉法」第34条の20第1項各号の規定（養育里親の欠格事由）に該
　　当しないもの。

　また、里親委託児童数およびファミリーホーム委託児童数は以下となっている。

表7-3　社会的養護の現状　里親数・ホーム数・委託児童数等

里親	家庭における養育を里親に委託		登録里親数	委託里親数	委託児童数	ファミリーホーム	養育者の住居において家庭養護を行う（定員5〜6名）	
	区分（里親は重複登録有り）	養育里親	9,592世帯	3,326世帯	4,134人	ホーム数	313ヵ所	
		専門里親	702世帯	196世帯	221人			
		養子縁組里親	3,781世帯	299世帯	299人	委託児童数	1,356人	
		親族里親	560世帯	543世帯	770人			

※里親数、委託児童数は福祉行政報告例（平成25年3月末現在）
※ホーム数、委託児童数は家庭福祉課調べ（平成25年10月1日現在）

厚生労働省子ども家庭局家庭福祉課「里親制度（資料集）」2018年より筆者作成

ファミリーホームの要件の明確化について（概要）　平成24年4月

○ファミリーホームは、平成20年の児童福祉法改正で「小規模住居型児童養育事業」として実施されたが、それ以前から里親型のグループホームとして自治体で行われていた事業を法定化したものであり、里親のうち多人数を養育するものを事業形態とし、相応の措置費を交付できる制度としたものである。

○しかし、実施後3年を経過し、里親から移行したファミリーホームのほかに、新たに開設したファミリーホームの中には、施設分園型グループホームとの相違があいまいな形態も生じ、本来の理念を明確化してほしいとの関係者の意見があることから、「里親及びファミリーホーム養育指針」の策定に合わせ、理念と要件を明確化する。（児童福祉法施行規則と実施要綱を改正）

＜理念の明確化＞

○「里親及びファミリーホーム養育指針」という形で、指針を里親と一体のものとして示す。

○ファミリーホームは、児童を養育者の家庭に迎え入れて養育を行う家庭養護であるという理念を明確化する。

○ファミリーホームは、里親が大きくなったものであり、施設が小さくなったものではないという位置づけ。

＜要件規定等の見直し＞

①小規模住居型児童養育事業を行う住居を「小規模住居型児童養育事業所」と、小規模住居型児童養育事業を行う者を「小規模住居型養育事業者」と称しており、施設的な印象となっている。

②「三人以上の養育者を置かなければならない。ただし、その一人を除き、補助者をもってこれに代えることができる」としており、3人の養育者の場合があるなど、家庭養護の特質が明確でない。

③「一人以上の生活の本拠を置く専任の養育者を置く」としており、生活の本拠を置かない養育者も認められており、家庭養護の特質が明確でない。

④「入居定員」「入居させる」など、施設的な印象となっている。

⑤養育者の要件として、養育里親の経験者のほか、児童福祉事業に従事した経験が有る者等となっており、要件が緩い。

①小規模住居型児童養育事業を行う住居を「ファミリーホーム」と、小規模住居型児童養育事業を行う者を「ファミリーホーム事業者」と称する。

②「夫婦である2名の養育者＋補助者1名以上」又は「養育者1名＋補助者2名以上」とし、家庭養護の特質を明確化する。

③「養育者は、ファミリーホームに生活の本拠を置く者でなければならない」とし、家庭養護の特質を明確化する。

④「委託児童の定員」などの用語に改める。

⑤養育者の要件は、養育里親の経験者のほか、乳児院、児童養護施設等での養育の経験が有る者等に改める。

図7-1　ファミリーホームの要件の明確化について

出典　厚生労働省HP

https://www.mhlw.go.jp/bunya/kodomo/syakaiteki_yougo/dl/yougo_genjou_13.pdf（2022年3月9日確認）

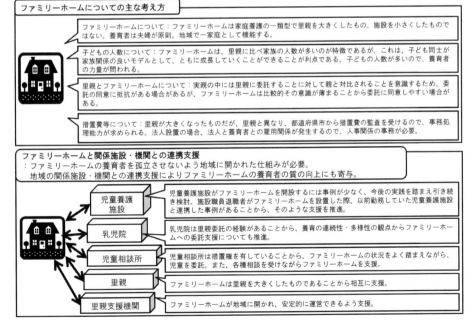

図7-2　ファミリーホームついての主な考え方

出典　厚生労働省HP「社会的養育の推進に向けて」p.41

https://www.mhlw.go.jp/content/000474624.pdf（2022年3月9日確認）

3　里親手当

　養育里親と専門里親には、里親手当が支給される。養子縁組里親と親族里親には里親手当は支給されないものの、一般生活費等は、養育里親および専門里親同様に支給される。そして、2009(平成21)年度に里親手当は引き上げられ、現在では以下のようになっている。なお、2011(平成23)年9月の里親制度改正により、おじ・おばなど扶養義務がない3親等内の親族も「養育里親」として認められ、里親手当が受給できるようになった。

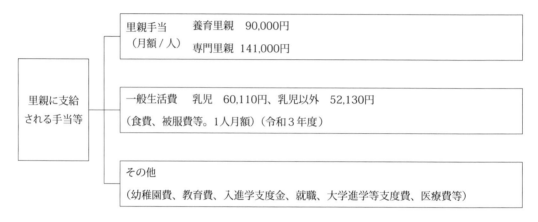

図7-3　里親手当の充実

厚生労働省「社会的養護の推進に向けて」(平成31年4月)より筆者一部改変

4　養子縁組制度

　養子縁組制度は、実の親子ではない者が法律的に親子となるための手続きのことをいい、「民法」により規定されている。未成年者を養子とする場合は、家庭裁判所の許可が必要である。ただし、自己または配偶者の直系卑属(子や孫等)を養子とする場合は、家庭裁判所の許可は必要ないとされている(養子又は養親となる人が外国人の場合は、家庭裁判所の許可が必要となることがある)。

　また、養親となる人に配偶者がいる場合は、原則として、夫婦が共に養親となる縁組をすることが必要となり、養子となる人が被後見人(未成年被後見人及び成年被後見人)であって、養親となる人がその後見人である場合には、上記とは別に、家庭裁判所の許可が必要である。2017(平成29)年の「児童福祉法」改正により、養子縁組に関する相談・支援が児童相談所において確実に行われるよう、児童相談所の業務として法律上明確に規定することとし、児童を養子とする養子縁組に関する者について、その相談に応じ、援助を行うことを都道府県(児童相談所)の業務として位置付けることとなった。

　養子縁組には、普通養子縁組と特別養子縁組の2種類があり、以下にその概要を述べる(図7-4参照)。

普通養子縁組と特別養子縁組について

○　普通養子縁組は、戸籍上において養親とともに実親が並記され、実親と法律上の関係が残る縁組形式。

○　特別養子縁組は、昭和48年に望まない妊娠により生まれた子を養親に実子としてあっせんしたことを自ら告白した菊田医師事件等を契機に、子の福祉を積極的に確保する観点から、戸籍の記載が実親子とほぼ同様の縁組形式をとるものとして、昭和62年に成立した縁組形式。

普通養子縁組	特別養子縁組
＜縁組の成立＞ 養親と養子の同意により成立	**＜縁組の成立＞** 養親の請求に対し家裁の決定により成立 実父母の同意が必要（ただし、実父母が意思を表示 できない場合や実父母による虐待など養子となる者の 利益を著しく害する理由がある場合は、この限りでない）
＜要件＞ 養親：成年に達した者 養子：尊属又は養親より年長でない者	**＜要件＞** 養親：原則25歳以上（夫婦の一方が25歳以上であれば、 　　　一方は20歳以上で可） 　　　配偶者がある者（夫婦双方とも養親） 養子：原則、15歳に達していない者 　　　子の利益のために特に必要があるときに成立
＜実父母との親族関係＞ 実父母との親族関係は終了しない	**＜実父母との親族関係＞** 実父母との親族関係が終了する
＜監護期間＞ 特段の設定はない	**＜監護期間＞** 6月以上の監護期間を考慮して縁組
＜離縁＞ 原則、養親及び養子の同意により離縁	**＜離縁＞** 養子の利益のため特に必要があるときに養子、実親、 検察官の請求により離縁
＜戸籍の表記＞ 実親の名前が記載され、養子の続柄は「養子（養女）」 と記載	**＜戸籍の表記＞** 実親の名前が記載されず、養子の続柄は「長男（長女）」 等と記載

図7-4　普通養子縁組と特別養子縁組について

出典　図7-2に同じ。p.100（一部改変）

（1）普通養子縁組

　「普通養子縁組」とは、養子縁組の合意、及び役所に養子縁組の届出をすることによって成立をするものである（ただし、未成年の者を養子とする場合には基本的に裁判所の許可が必要となる）。普通養子縁組には、養子の実親との親子関係は存続しており、養子には実親と養親という少なくとも2組の親がいるという特徴をもっている。養子の親権を行使するのは養親である。

（2）特別養子縁組

　普通養子縁組とは違い、縁組の成立によって実親（生みの親）との関係が原則として終了することが大きな特徴となっているものが「特別養子縁組」である。2019（令和元）年6月施行の「民法」改正により、「原則6歳未満」となっている対象年齢を、「原則15歳未満」に引き上げ、小中学生の救済も可能にするほか、15歳から17歳までの子どもは本人の同意などを条件に例外的に養子として認めることとなった。

　同時に、家庭裁判所の審判で縁組が成立するまで、実親がいつでも縁組の同意を撤回できる手続きを見直し、審判を2段階に分け、第2段階では実親に関与させないようにすることで、養親候補者が同意撤回の不安を抱えることを防ぐ目的ももつ。成立件数は、

2013（平成25）年474件、2014（平成26）年513件、2017（平成29）年616件、と増加傾向にある（司法統計年報による）。

　2016（平成28）年の「児童福祉法」の改正により、「民間あっせん機関による養子縁組のあっせんに係る児童の保護等に関する法律」が成立した。「特別養子縁組」を行う場合は主に、民間団体を経由する場合と、公的機関である児童相談所を経由する方法がある。民間団体（養子縁組あっせん事業者）は、19カ所あり（2019（平成31）年3月20日現在、家庭福祉課調べ）、特別養子縁組制度の普及と啓発をすすめている。

（小宅　理沙）（植村　梓）

▶ 参考文献

小宅理沙「子どもの権利ってどういうこと」流石智子監・浦田雅夫編『知識を活かし実力をつける子ども家庭福祉』保育出版社、2013年

小宅理沙「子育て支援にサービスの課題」井村圭壯・今井慶宗『現代の保育と家庭支援論』学文社、2015年

小宅理沙他『社会的養護・社会的養護内容』翔雲社、2017年

厚生労働省HP　http://www.mhlw.go.jp

宮島清他編『子どものための里親委託・養子縁組の支援』明石書店、2017年

厚生労働省「児童相談所運営指針」「里親委託ガイドライン」

坂本正路他『児童の福祉を支える社会的養護（第3版）』萌文書林、2017年

髙橋一弘他『児童の福祉を支える〈演習〉社会的養護内容（第3版）』萌文書林、2017年

北川清一他編『シリーズ社会福祉の視座③子ども家庭福祉への招待』ミネルヴァ書房、2018年

厚生労働省「小規模住居型児童養育事業の運営についての一部改正について（通知）」

厚生労働省HP「社会的養育の推進に向けて（平成31年4月）」

　https://www.mhlw.go.jp/content/000503210.pdf〈2019年7月24日確認〉

障害の定義と現状

　わが国は国連の「障害者の権利に関する条約（略称：障害者権利条約）」に批准している。国際社会の一員として、障がい者の人権及び基本的自由の享有を確保し、障がい者の固有の尊厳の尊重を促進することを目的として、障がい者の権利の実現のための措置等を充実させることを目標に国内法制度及び支援サービスの整備が行われている。

　障害の概念は古くからあるが、近年では障害が個人に起因するという考え方ではなく、支援を要する状況が障害であるという見方が強くなっている。ICF（国際生活機能分類、2001）では、生活を送る人と社会・環境との相互作用の公的なものを生活機能とし、生活を送る際に支障や制限・制約を感じる状態・状況を障害としている。これによれば、障害には個人の「健康状態」と「三つのレベル（心身機能・身体構造、活動、参加）」の状態、及び「背景因子（環境因子・個人因子）」がある。

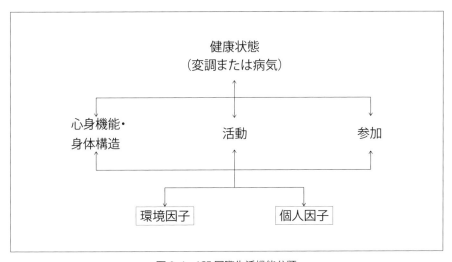

図8-1　ICF 国際生活機能分類
厚生労働省 HP　http://www.mhlw.go.jp/ より筆者作成

　この意味において保育現場でも、障害とは「個人とそれを取り巻く環境とのかかわりの中で生じる問題」として、環境改善や調整を図っていくことを重視している。インクルージョンという理念は障がい児も健常児も、元々社会の中に包み込まれた存在だとい

うものである。そこで近年では、インクルーシブ保育、つまり障がい児もそうでない子どもも一緒に保育するという方向に向かっている。

　また、障がい児を治療するという観点ではなく、多様な人間関係の中でその子どもたちがありのままに持てる能力を活かしながら、より生活しやすい方策について探求するのである。そのことにより、子どもたち一人ひとりの多様性を包括するような保育を展開することに主眼が置かれている。

　そして、わが国においては、1993（平成5）年の「障害者基本法」への改正・改題以来、障害を「身体障害」「知的障害」「精神障害」の３つに分類する考え方が主流であったが、近年「精神障害（「発達障害」を含む）」とする４つの障害像を障害として定義することとなった。それぞれの障がい者に対する社会福祉として、日常生活において必要な支援を受けられるように障害者手帳を交付する手帳制度が実施されており、これを所持することによって受けられる福祉サービスが拡充されている。

　障がい者が社会において尊重されること、「合理的配慮」[1] に基づいた教育が保障されることもなされなければならない。そして、保育者として社会福祉に携わる者については、これらの理解が必須となる。そこで本章では、障害の法的な定義とそれぞれの障害に対する手帳制度、障がい者のための福祉サービスについて総括的に述べていく。

●第１節　障害の法的定義と障害者手帳制度

　国内での障害に対する医学的診断基準はWHO（世界保健機関）が採択したICFと、アメリカ精神医学会のDSM（Diagnostic and Statistical Manual of Mental Disorders：精神疾患の分類と診断の手引）が使用されることが多い。2013（平成25）年５月、アメリカ精神医学会の発刊するDSMはDSM–ⅣからDSM–５へと変更された。知的障害や発達障害については、分類や障害の名称に至るまで大幅な変更があった。しかし、障害の実情や社会背景を元に、最終的な診断と福祉サービスの提供は日本国内の法を基に行われる。そこで、以下に障がい者に対する、支援・サービスの根幹となる法律を挙げ、その中での障害の定義および社会福祉制度について述べる。

---

1) 「障害者権利条約」の第２条において、「合理的配慮」とは、「障害者が他の者と平等にすべての人権及び基本的自由を享有し、又は行使することを確保するための必要かつ適当な変更および調整であって、特定の場合のにおいて必要とされるものであり、かつ、均衡を失した又は過度の負担を課さないものを言う。」と定義されている。木舩はこの定義と、「障害者基本法」第４条（差別の禁止）と第16条（教育）との関わりに触れ、インクルーシブ教育システムにおける合理的配慮とは、①障害がある子どもが十分な教育を受けることができるために必要な支援のこと、②障害のある子どもが障害のない子どもと共に学ぶために必要な支援と考えることができるとしている。木舩憲幸『インクルーシブ教育って？』明治図書、2014年、pp.44–45

1　障害者基本法

「障害者基本法」は、障がい者を「身体障害、知的障害、精神障害（発達障害を含む。）その他の心身の機能の障害（以下「障害」と総称する。）がある者であって、障害及び社会的障壁により継続的に日常生活又は社会生活に相当な制限を受ける状態にあるものをいう」と定めた。障害者福祉における基本法である。2011（平成23）年改正では、定義を一部拡大し発達障害を含めている。

2　身体障害者福祉法・身体障害者手帳

「身体障害者福祉法」は、第4条において「身体障害者」を「別表に掲げる身体上の障害がある18歳以上の者であって、都道府県知事から身体障害者手帳の交付を受けたものをいう」としている。身体障害の範囲は広く、その障害となる事由が生じた時期が、先天的・後天的どちらであっても障害が「永続する」ことを条件として認定される。

さらに「身体障害者福祉法施行規則」別表第5では等級が細かく定められている。大分類は「視覚障害」「聴覚又は平衡機能の障害」「音声機能、言語機能又はそしゃく機能の障害」「肢体不自由」「心臓、腎臓若しくは呼吸器又はぼうこう若しくは直腸、小腸、ヒト免疫不全ウイルスによる免疫若しくは肝臓機能の障害」である。それぞれの障害に対して1～7までの等級と、等級に対する判定基準が細かく定められている。

そして、身体障害者に対して交付される身体障害者手帳は、「身体障害者福祉法」に定める身体上の障害について申請のあったものに対して都道府県知事、指定都市市長又は中核市市長が交付するとされている。

3　知的障害者福祉法・療育手帳

日本において、知的障害に対する法的な定義はない。知的障害（ID：Intellectual Disability）は、医学的にはDSM–5において、以下の3つが知的障害と定義されている。
「1．知的障害（Intellectual Disability）」
「2．全般性発達遅延（Global Developmental Delay）」
「3．特定できない知的障害（Unspecified Intellectual Disability）」
と、以上の3点が診断の基準となっている。

DSM–Ⅳまでの知的障害における判断基準は、ビネー式知能検査やウェクスラー式知能検査などにより測られ、知能指数（IQ）が70～75以下の児童が診断を受けるシステムになっていた。しかし、DSM–5では、このような「知能指数の数字」のみによる知的障害の診断基準が大幅に見直され、「相対的な知的能力の高低」よりも、「実際的な生活適応能力の高低」が重視されることとなった。

そして療育手帳は、身体障害者手帳とは異なり、「知的障害者福祉法」を法的な根拠としていない。各地方自治体によって交付についての要綱が定めてあり、手帳の名称も地方自治体により異なる。地方自治体にごとに「Ａ１、Ａ２、Ｂ１、Ｂ２」という判定表示や、「Ａ、Ｂ、Ｃ」の三段階評価とするところもあり、地方自治体ごとに判定の表示方法も異なる。

4　精神保健及び精神障害者福祉に関する法律・精神障害者保健福祉手帳

　「精神保健及び精神障害者福祉に関する法律」では「精神障害者」を「統合失調症、精神作用物質による急性中毒又はその依存症、知的障害、精神病質その他の精神疾患を有する者をいう」と定義している。何らかの精神疾患により、長期にわたり日常生活又は社会生活への制約があるものを対象とし、その医療及び保護を行い、その社会復帰の促進と自立と社会経済活動への参加の促進のために必要な援助を行うことをうたっている。

　対象となるのはすべての精神疾患で、統合失調、気分障害（うつ病、躁うつ病）、てんかん、薬物やアルコールによる急性中毒又は依存症、高次脳機能障害、発達障害、その他の精神疾患（ストレス関連障害等）を含む。

　そして、精神障害者保健福祉手帳は、都道府県知事または指定都市市長が交付する。一定の精神障害の状態にあることを認定して交付することにより、各種の支援施策を講じやすくし、精神障害者の社会復帰、自立及び社会参加の促進を図ることを目的としている。交付の要件は、精神疾患による初診から６か月以上経過していることである。障害等級に定める精神障害の状態にあることについて、都道府県知事の認定を受けなければならない。精神障害者保健福祉手帳の等級は、１級から３級で、２年ごとに診断書を添えて更新の手続きを取ることができる。

　ちなみに、知的障害と精神疾患を両方有する場合は両方の手帳が交付される。

5　発達障害者支援法

　発達障害は、知的障害や子どもの発達上生じる機能の障害や遅滞を含む広い概念であった。精神障害に含まれるとされていた発達障害は、「発達障害者支援法」という独立した法律が存在することとなった。2005（平成17）年４月に施行された「発達障害者支援法」において、「発達障害」は「自閉症、アスペルガー症候群その他の広汎性発達障害、学習障害、注意欠陥多動性障害その他これに類する脳機能障害であってその症状が通常低年齢において発現するものとして政令で定めるものいう」（「発達障害者支援法」第２条）と定義された。これを受けて、従来教育や福祉の中で、整備されてこなかった自閉症、学習障害、注意欠陥多動性障害等についても法的に定められたこととなった。

　厚生労働省HPでは、「発達障害はいくつかのタイプに分類されており、自閉症、アス

ペルガー症候群、注意欠如・多動症性障害（ADHD）、学習障害、チック障害などが含まれる」とされている。

　そして、現行の制度上、「自閉症スペクトラム」や「ADHD」などの発達障害は、知的障害があれば知的障害に区分され療育手帳が交付される。一方、知的障害がなければ精神障害に区分され、精神障害者保健福祉手帳が交付されるという仕組みになっている。

6　児童福祉法

　障がい児について、「児童福祉法」では「身体に障害のある児童、知的障害のある児童、精神障害のある児童（発達障害者支援法（平成16年法律第167号）第2条第2項に規定する発達障害児を含む。）又は治療方法が確立していない疾病その他の特殊の疾病であつて障害者の日常生活及び社会生活を総合的に支援するための法律（平成17年法律第123号）第4条第1項の政令で定めるものによる障害の程度が同項の厚生労働大臣が定める程度である児童」としている。これには、身体障害、知的障害、精神障害、発達障害だけでなく、難病により日常生活や社会生活が困難な子どもも含まれている。

●第2節　障がい児の状況

　少子化は進む一方であるが、児童福祉のニーズは多様化する。障害の原因解明や予防に対する研究が進み、障害発現の未然防止が図られるものもある。また、先天性代謝異常検査、乳児健康診査、幼児期の健康診査において障害の早期発見、精密検査、事後指導が医療機関、児童相談所、保健所、市町村等で実施される。このような早期の対応やその後の療育サービスの活用によってその後の日常生活への影響を最小限にするような対応ができることも増えている。早期発見・早期療育サービスが整備されることは、障害の除去や軽減、日常生活への適応を進めるための必須の課題である。

　2019（令和元）年の内閣府『障害者白書』によれば、国民の7.6％が何らかの障害を持つ状況だとされている。ここでは厚生労働省による「生活のしづらさなどに関する調査」（2011（平成23）年・2016（平成28）年）「社会福祉施設等調査」「患者調査」に基づきながら障がい児の現状について紹介する。ただし、これらの調査は重複障害については把握できないので、値はすべて推計値である。

1　身体障害

　2011（平成23）年の「生活のしづらさなどに関する調査」によると、18歳未満の身体障がい者の推計は7万8千人。在宅者数は7万3千人、施設入所者は5千人である。

2016（平成28）年の同調査では、身体障がい者の推計は7万1千人、在宅者数は6万8千人、施設入所者は3千人である。

2　知的障害

2011（平成23）年の「生活のしづらさなどに関する調査」では、18歳未満の知的障がい者の総数は15万9千人、在宅者数は15万2千人、施設入所者数は7千人である。

2016（平成28）年の同調査では、18歳未満の知的障害者の数は22万1千人、在宅者数は21万4千人、施設入所者は7千人と急増している。以前と比較して知的障害の認知度が高まり、療育手帳を取得する者が増えたことが増大の要因の一つと考えられる。

3　精神障害

2017（平成29）年の「患者調査」によると20歳未満の精神障がい者は27万6千人、このうち外来患者として加療しているものは27万3千人、入院しているものが3千人である。

4　発達障害

2011（平成23）年の「生活のしづらさなどに関する調査」では、医師から発達障害と診断された18歳未満の総数は13万6千人で、障害者手帳を所持しているものは9万2千人である、障害者手帳非所持のものは4万3千人である。2016（平成28）年の同調査では、医師から発達障害と診断された18歳未満の総数は約21万人である。このうち障害者手帳を交付されているのは12万8千人であり、障害者手帳を非所持のものは7万8千人である。

文部科学省が2012（平成24）年の2月から3月に全国（岩手、宮城、福島を除く）の公立小学校及び中学校で行った「通常の学級に在籍する発達障害の可能性のある特別な教育的支援を必要とする児童生徒に関する調査」では、学習面で著しい困難を示すとされた児童の割合は6.5％（推計値）であった。また、同省が2015（平成27）年5月に公立の小学校、中学校及び中等教育学校を対象として実施した「通級による指導実施状況調査」（2016（平成28）年5月公表）の結果では、通級による指導を受けている発達障害（自閉症、学習障害及び注意欠陥多動性障害）のある児童生徒数は、2015（平成27）年度（5月1日時点）では4万1千人（自閉症1万4千人、学習障害1万3千人、注意欠陥多動性障害1万4千人）となっているこれは平成18年度の約6.1倍に当たる。

発達障がい者に対する福祉サービスは「発達障害者支援法」において定められ、障害の

早期発見や学校教育、福祉サービス、就労支援等切れ目のない支援が目指されている。その支援を決定する診断は医療機関によるが、障害自体の特性が一様ではなく、重複することもあり、障害の種類を明確に分けて診断することは大変難しい。日常生活での困りごとが生じてから診断されることが多い発達障害の診断基準は、「ICD－10」や「DSM－5」によるところが多い。例えば発達障害の中での「自閉症」では、知的障害を伴わないが言語発達に遅れがある「高機能自閉症」や、知的障害もなく言葉に遅れもない「アスペルガー症候群」などは、程度や症状も一人ひとり違いが大きい。最近ではこれらを「自閉症スペクトラム」と呼ぶのが一般的となっている。「自閉症スペクトラム障害」とは現在の国際的診断基準とされるアメリカ精神医学会の診断DSMの分類の中では、広汎性発達障害（PDD）とほぼ同じ群を指しており、自閉症、アスペルガー症候群、そのほかの広汎性発達障害が含まれる（章末コラム参照）。

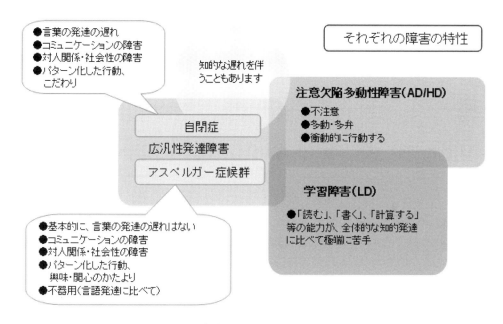

図8-2　発達障害者支援法の中での発達障害

厚生労働省HP「発達障害の理解のために」（https://www.mhlw.go.jp/seisaku/17.html）（2022年3月9日確認）

●第3節　福祉サービス

1　障害者総合支援法に基づくサービス

　2014（平成26）年、「障害者自立支援法」を「障害者の日常生活及び社会生活を総合的に支援するための法律」（障害者総合支援法）に改題する内容を含む「地域社会における共生の実現に向けて新たな障害保健福祉施策を講ずるための関係法律の整備に関する法

律」が成立した。障害のある人の地域における自立した生活を支援し、障がい者に身近な市町村を中心に日常生活・社会生活の支援が提供される、共生社会を実現するため体制が構築されてきた。

「障害者総合支援法」では、障害福祉サービス等の対象となる障がい者の範囲に難病患者等を含めることとし、障害種別によらない一体的な障害福祉サービスの提供を目指している。

「障害者総合支援法」による障害のある子どもに対するサービスは、「児童福祉法」とあいまって給付（運用）される。居宅介護、短期入所、重度障害者等包括支援、行動援護、同行援護、補装具、日常生活用具の給付等がある。

2　児童福祉法に基づくサービス

「児童福祉法」は2012（平成24）年に障がい児の支援の強化をしている。重複障害に対応するとともに、身近な地域で支援を受けられるよう、これまでの療育や子どもたちの障害種別ごとに分かれた施設・サービスの多様な体系を通所・入所の利用形態の別によって一元化した。

「児童福祉法」に定める障害児入所支援は、福祉型障害児入所施設、医療型障害児入所施設であり都道府県が制度の運営主体となる。

障害児通所支援は、児童発達支援、医療型児童発達支援、放課後等デイサービス、保育所等訪問支援であり、市町村が制度の運営主体となる。学齢期の障がい児の放課後や夏休みにおける支援の充実、居場所の確保のための「放課後等デイサービス」、保育所等に通う障がい児に対して、集団への適応支援のため、保育所を訪問し専門的な支援を行う「保育所等訪問支援」は、この改正によって創設された。

また、2018（平成30）年4月からは障害児通所支援に居宅訪問型児童発達支援という新しい類型が設けられ5つになった。

3　教育サービス

「障害者基本法」は、「障害者が、その年齢及び能力に応じ、かつその特性を踏まえた十分な教育が受けられるようにするため、可能な限り障害者である児童及び生徒が障害者でない児童及び生徒と共に教育を受けられるように配慮しつつ、教育の内容及び方法の改善及び充実を図る等必要な施策を講じなければならない」としている（第16条第1項）。これは、「障害者権利条約」に書かれたインクルーシブ教育システムの構築を明文化したものである。文部科学省によれば、すべての学校において、障害のある幼児・児童の自立や社会参加に向けた主体的な取り組みを支援するという視点に立ち、幼児児童生徒の一人一人の教育ニーズを把握し、その持てる力を高め、生活や学習上の困難を改

善又は克服を行う必要性を明示している。

　特別支援教育は、2007（平成19）年から「学校教育法」に位置付けられた。これまでの、特殊教育の対象としての障害児教育ではなく、知的な遅れのない発達障害も含めて、特別な支援を必要とする幼児児童生徒が在籍する全ての学校において実施されるものである。

　これに合わせ、従来の盲学校・聾学校・養護学校の制度は、障害の重複化に対応するために、複数の障害種別を受け入れることができる特別支援学校の制度に転換された。特別支援学校や、小・中学校の特別支援学級においては、特別の教育課程や少人数の学級編成、特別の配慮により作成された教科書、専門知識を持った教員、障害に配慮した施設・設備などを活用して教育が行われている。また、特別支援学校以外の学校における特別支援教育では、通常の学級に在籍する障がい児に対して、通級による指導のほか、習熟度別指導や少人数指導などの障害に配慮した指導法、支援の活用など、一人一人の教育的ニーズに応じた教育が行われている。

4　経済的支援の制度

　在宅で生活する障がい児に対する在宅福祉サービスには、特別児童扶養手当・障害児福祉手当の支給、障害者扶養保険制度によるサービス等がある。特別児童扶養手当は、20歳未満の常時の介護を必要する重度・中度の在宅障害児を監護・養育する者に支給される。児童扶養手当と同様に所得制限があり、児童の障害の程度に応じて支給される。障害児福祉手当は、20歳未満の重度の在宅障害児に支給されている。特別児童扶養手当との併給は可能であるが、障害児入所施設やその他、これに類する施設で厚生労働省に定めるものに収容されている場合には支給されない。

　障がい児と、その家庭に対する支援は支援主体が都道府県と市町村のサービスがある。今後これらのサービスが、利用者にとってさらに利用しやすくインクルーシブな体制へとまとめられ、ワントップの支援体制が作られていくことが期待されている。

　また、2015（平成27）年度から運営される子ども・子育て支援新制度においては、障害児支援サービスの適正利用につながるような利用者支援事業が創設されている。障害児童福祉サービスの利用にあたっては、サービス利用計画作成のための相談支援が「障害児相談支援事業」として制度化された。教育・保育施設における障害児の優先利用や入所の応諾義務規定、障害児保育や療育支援加算、放課後児童クラブにおける障害児受け入れ加算の充実、人員の増員等が規定されているほか、居宅訪問型保育事業における障がい児の受け入れや一時預かり事業、延長保育事業における障がい児の利用を念頭とした事業が創設されている。

　これらの事業展開は、いうまでもなく障がい児に固有のサービスではなく、全ての子どものための普遍的なサービス体系の実現が目指されたものである。障がい者を取り巻

く社会の現状が揺らぐ中、真に利用者への排除のない支援制度の確立に向けて絶え間ない改善が求められ続けていくのであろう。

（安田　誠人）（矢野　永吏子）

▶ 参考文献

橋本好市「障害の概念のとらえ方」
　堀智晴・橋本好市・直島正樹編『ソーシャルインクルージョンのための障害児保育』
　ミネルヴァ書房、2014年
厚生労働省 HP「疾病、傷害及び死因の統計分類」　http://www.mhlw.go.jp/toukei/sippei/
　（2022年3月9日確認）
厚生労働省 HP「国際生活機能分類－国際障害分類改訂版－」（日本語版）の厚生労働省 HP 掲載について
　http://www.mhlw.go.jp/houdou/2002/08/h0805-1.html（2022年3月9日確認）
内閣府『平成30年版　障害者白書』
厚生労働省 HP「知ることからはじめよう　みんなのメンタルヘルス」
　http://www.mhlw.go.jp/kokoro（2022年3月9日確認）
厚生労働省 HP「平成23年生活のしづらさなどに関する調査（全国在宅障害児・者等実態調査）」
　https://www.mhlw.go.jp/toukei/list/dl/seikatsu_chousa_c_h23.pdf（2022年3月9日確認）
厚生労働省 HP「平成23年生活のしづらさなどに関する調査（全国在宅障害児・者等実態調査）」
　https://www.mhlw.go.jp/toukei/list/dl/seikatsu_chousa_c_h28.pdf（2022年3月9日確認）
総務省 HP「発達障害者支援に関する行政評価・監視 結果報告書 」http://www.soumu.go.jp
　（2022年3月9日確認）
厚生労働省 HP「発達障害の理解のために」https://www.mhlw.go.jp/seisaku/17.html（2022年3月9日確認）

〔コラム2〕

❖「DSM-5」での発達障害の診断基準の変更 ❖

　2013（平成25）年5月アメリカ精神医学会が、Diagnostic and Statistical Manual of Mental Disorders. Fifth Edition、「DSM-5」と略称される新しい診断基準を公表した（American Psychiatric Association, 2013）。DSM-IVから13年ぶりの改訂である。版番号を示す数値は、従来はローマ数字で表記されていたが、今後の小改訂が予定され、今回の版はアラビア数字で表記されることになった。

　DSM-IVでは、「広汎性発達障害（PDD）」という概念で表現していた先天的な脳の障害によって広範な領域に生じる発達上の障害を指し示していたものを廃止し、DSM-5では自閉症スペクトラム（ASD）という診断名が採用された。各発達障害を「連続体」（スペクトラム）として捉える概念である。

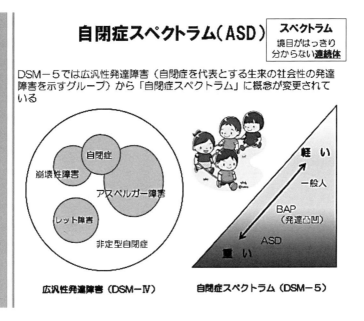

図1　自閉症スペクトラム

佐々木正美『発達障害の子に「ちゃんと伝わる」言葉がけ』すばる舎、2015年

　これにより自閉症および広汎性発達障害の診断は、①「社会的コミュニケーションおよび相互関係における持続的障害」、②「限定された反復する様式の行動、興味、活動」の2点にまとめられ、かつ診断対象を小児期に焦点化していたのに対し、DSM-5では成人期などを含むすべての年齢に対応するものとなった。

DSM–Ⅳからからへの変更点は、（1）「広汎性発達障害」に分類されていた、①自閉症、②レット障害、③小児期崩壊性障害、④アスペルガー障害が、すべて「自閉症スペクトラム障害（略称ASD：Autistic Spectrum Disorder）」に統合されたこと、（2）従来の自閉症障害やアスペルガー障害に類似する、自閉症スペクトラム障害にみられる行動・興味・活動の限局がない場合は、「社会的(語用論的)コミュニケーション症（略称SCD：Social Communicacion Disorder）とされたこと、（3）自閉症の特徴・社会性の障害か常同性（常に一緒の行動をするこだわり）のどちらか一つが該当していれば「広汎性発達障害」と判断されたが、DSM–5の「自閉症スペクトラム障害」ではその両方が該当することが判断基準になり、診断範囲が縮小されたこと、（4）IQだけで重度、中度、軽度が分けられていた知的障害の程度が、生活での困難さの程度で軽重が分けられることになったことなどである。

（石井　貴子）（矢野　永吏子）

参考文献

日本精神神経学会『DMS–5精神疾患の分類と診断の手引』医学書院、2014年
発達障害.com　http://www.hattatsu-shogai.com（2022年3月9日確認）

〔コラム３〕
❖ 運動療育型「スパークル・スポーツクラブ」の活動を通して ❖

　夫は40年にわたり今もなお「幼児体育の現役指導者」であり、私自身も夫とともに23年間未就園児の体操教室を開催している。ここ数年感じてきたのは「枠にはまらない自由な感性の子どもたち」に対し、もっと個別で指導できないかということである。

　親子教室を始めた頃から、長い間「みんなと一緒に」が良いとされていたが、それは教師側が一斉指導しやすいという大人側の都合だったのではないか。

　夫の経営する幼児体育のスポーツクラブでも、保護者や指導員から集団の中で一斉指導が難しい子どもへの対応の難しさや、個別指導の方がよりしっかりと関われるという話が上がっていた。このタイミングで、私の高校時代の同窓会で「障害児相談支援」の事業をしている同級生から、「幼児体育のスポーツクラブ」のノウハウを是非「児童発達支援の運動療育」で活かしてみてはどうか？　とアドバイスを受けた。

　「みんなと一緒にできるように」その子の個性を潰してまで「みんなと一緒」でなければいけないのだろうか？　という違和感をずっと抱いていた。

　私には息子がいる。今ではもう成人しているが、息子は小さい頃とても個性が強い子どもだった。小学校の１・２・４年生のときの担任はその個性を最大限に伸ばしてくれる先生だった。今考えてみれば当時のクラスは個性の塊のようだったが、一人ひとりの個性を潰すことなく、得意なことを一緒に見つけしっかりと認め、他の子どもと決して比べることなく指導してくれた。特に金子みすゞの「私と小鳥と鈴と」の一節「みんなちがって、みんないい」を子どもたちによく話していたという。

　あれから20年近くの時を経て、その溢れんばかりの個性を持った子どもたちに今度は私達が培って来たノウハウと、新しい今の教育・保育ができるよう準備するときが来た。

　2018（平成30）年５月１日、私自身が代表かつ児童発達管理責任者として「児童発達支援・放課後等デイ・サービス　マンツーマン指導　運動療育型スパークル・スポーツクラブ」を大阪市の指定を得て立ち上げた。

　主になる運動指導を夫が行い、若手を育てながら２年目に突入した。多くの愛する「個性豊かな子どもたち」が利用している。スタッフと信頼関係が築けている子ども達はとても純粋で素直だ。マンツーマンと言っても、大人２人に対して子どもは１人なのでとても丁寧な指導ができる。研修も資格取得もどんどん若手に行っ

てもらい、夫も私も負けじと講習会や研修に行き、最新の情報を学んでいる。

　大切なことは、ここに通う子ども達が「笑顔になる」こと、そしてそれが保護者や周りの人たちにどんどん「つながる笑顔」になって欲しいということである。つまり「自己肯定感」をしっかりと身につけることである。中には自分は「普通ではない」と言った子どもがいる。「普通」とは何を基準に言い放つ言葉なのか。

　今から16年ほど前、息子が小学校5・6年生の頃、当時の担任がよく「みんなと一緒であることが一番良いこと」と言っていたことを思い出す。スパークルを利用する子どもが通う園で、療育手帳を持っていることを分かっていながら「みんなと一緒にできないと困る」と言われて本人・保護者ともに苦痛を感じているケースがある。16年前と変わっていない現実も目の当たりにした瞬間である。こういうところが少なからず現実に存在する。保護者側からの相談もあるので、子どもに寄り添う事業だけでなく保護者支援も併せて行うことが必要であると考える。

　2019（令和元）年9月、保育所等訪問支援の指定を得て、現在、保育所や幼稚園、小学校に出向いて訪問支援を行っている。私を見つけたスパークルの子どもたちは「貴子先生!」と最高の笑顔で駆け寄って来る。またそのクラスの子どもたちまで名前を覚えてくれて寄ってくる。子どもたちはみんな純粋で優しい。そこには担任の先生の溢れる笑顔があった。

　子どもは自分の写し鏡である。自分が育てたように子どもは育つ。そのためにも私達も精一杯誠意を持って一人ひとりに「丁寧」に関わって行こうと改めて感じた。今日も子ども達と指導スタッフ達の元気な笑い声でいっぱいのスパークル・スポーツクラブで、またひとつ「できた」を見届けよう。

（石井　貴子）

子どもと非行

●第1節　非行少年とは

「非行少年」とは、「少年法」第2条にある20歳未満で「少年法」第3条で家庭裁判所の審判に付すべき「犯罪少年」「触法少年」「虞犯少年」のことをいう。

1　犯罪少年

「刑法」第41条では、14歳以上の者は刑事責任を負う能力があるとされているため、「犯罪少年」とは、14歳以上20歳未満の罪を犯した少年のことをいう。少年法においてもこれにもとづき、14歳以上での犯罪構成要件に該当する違法・有責な行為は犯罪とされ、警察の検挙、家庭裁判所への送致となる。

2　触法少年

「刑法」第41条では、14歳未満の者は刑事責任能力がないとみなされ、刑罰法令に触れる行為をした場合でも犯罪とはされないため、触法行為（＝刑罰法令に触れる行為）としており、その行為をした少年を触法少年という。触法少年は、警察による補導、児童相談所への通告となる。

3　虞犯少年

虞犯少年とは、「少年法」第3条で「①保護者の正当な監督に服しない性癖のあること。②正当の理由がなく家庭に寄り附かないこと。③犯罪性のある人若しくは不道徳な人と交際し、又はいかがわしい場所に出入すること。④自己又は他人の徳性を害する行為をする性癖のあること」という事由があって「性格又は環境に照らして、将来、罪を犯し、又は刑罰法令に触れる行為をする虞のある少年」のことである。14歳未満の虞犯少年は児童相談所へ通告、14歳以上18歳未満の場合は内容によっては家庭裁判所に送致

される。18歳以上は、家庭裁判所に送致される。

●第2節　非行少年に関連する法制度

1　少年法

　「少年法」第1条において、「この法律は、少年の健全な育成を期し、非行のある少年に対して性格の矯正及び環境の調整に関する保護処分を行うとともに、少年の刑事事件について特別の措置を講ずることを目的とする」とされている。「少年法」は、非行少年の保護、更生を行うことを目的とするためのものである。

2　刑法

　「刑法」第41条では、刑事責任の年齢として「14歳に満たない者の行為は、罰しない」と明記されている。

3　児童福祉法

　「児童福祉法」では、非行少年を要保護児童と捉えている。「児童福祉法」第27条第3項において、「都道府県知事は、少年法第18条第2項の規定による送致のあつた児童につき、措置を採るにあたっては、家庭裁判所の決定による指示に従わなければならない」としている。なお、「少年法」第18条第2項には、都道府県知事又は児童相談所長から送致を受けた少年は、家庭裁判所は決定をもって、期限を付して、これに対してとるべき保護の方法その他の措置を指示して、事件を権限を有する都道府県知事又は児童相談所長に送致することができるとされている。

●第3節　非行少年に対する支援に関する手続きの流れ

　家庭裁判所は、犯罪少年のなかで死刑・懲役・禁錮に当たる罪の事件に関する調査の結果、刑事処分を相当と認めるときは、検察官送致を決定する。故意の犯罪行為で被害者を死亡させた事件において少年が16歳以上では、原則として検察官に送致しなければならない。事件送致を受けた検察官は、起訴しなければならない。処遇の流れは、図9-1のとおりである。その他の犯罪少年、触法少年、虞犯少年への処分は、都道府県または児童相談所長送致（18歳未満）、保護処分（保護観察、児童自立支援施設または児童養護施設送致、少年院送致）がある。

非行少年に関する手続きの流れ

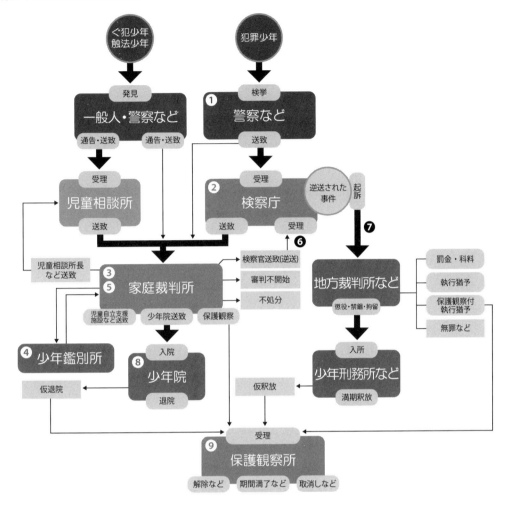

図9-1　非行少年に対する手続きの流れ

検察庁「少年事件について」http://www.kensatsu.go.jp/gyoumu/shonen_jiken.htm より筆者作成

（2019年12月11日確認）

●第4節　非行少年に対する支援

1　少年院での支援

（1）少年院の種類

　少年院には4つの種類があり、「入院時の少年の年齢」「犯罪的傾向の程度及び心身の状況等」に応じている。

1）第1種　保護処分の執行を受ける者であって、心身に著しい障害がないおおむね

12 歳以上 23 歳未満のもの。2）に定める者を除く。

2）第2種　保護処分の執行を受ける者であって、心身に著しい障害がない犯罪的傾向が進んだ、おおむね 16 歳以上 23 歳未満のもの

3）第3種　保護処分の執行を受ける者であって、心身に著しい障害があるおおむね 12 歳以上 26 歳未満のもの

4）第4種　少年院において刑の執行を受ける者

　専門的に医療を行う少年院（第3種）は、「関東医療少年院」「京都医療少年院」がある。

（2）　矯正教育の課程

　少年院では、在院者の状況に応じて計画的・体系的・組織的な矯正教育課程が定められている。矯正教育課程は、「在院者の年齢」「心身の障害の状況」「犯罪的傾向の程度」「在院者が社会生活に適応するために必要な能力」などによって矯正教育の重点的な内容と標準的な期間を定めたものである。少年院の種類は、家庭裁判所が少年院送致決定に際して指定する。

（3）　矯正教育

　少年院における矯正教育では、在院者に、生活指導、職業指導、教科指導、体育指導及び特別活動指導の5分野にわたって指導がなされる。

1）生活指導

　生活指導では、「基本的生活訓練」「問題行動指導」「治療的指導」「被害者心情理解指導」「保護者関係調整指導」「進路指導」について、全体講義、面接指導、作文指導、日記指導、グループワーク等の方法でなされている。

　個々の在院者の問題性または事情に応じて、特定生活指導として「被害者の視点をとり入れた教育」「薬物非行防止指導」「性非行防止指導」「暴力防止指導」「家族関係指導」「交友関係指導」がなされている。それぞれの指導は、集団指導又は個別指導の形式でなされている。

2）職業指導

　職業指導では、就業に必要な専門的知識及び技能の習得を目的とした「職業能力開発指導」、職業生活における自立を図るための知識及び技能の習得並びに情緒の安定を目的とした「自立援助的職業指導」が実施されている。それに加えて、職業人としての一般的な知識及び態度並びに職業選択能力及び職場適応能力の習得を目的とした「職業生活設計指導」が実施されている。職業能力開発指導において実施している種目には、電気工事科、自動車整備科、給排水設備科、情報処理科、介護福祉科、溶接科、土木・建築科及びクリーニング科がある。これらは見直され ICT 技術科、総合建築科、製品企画科など（いずれも仮称）を新設し再編することとされている。

３）教科指導

　少年院では、義務教育未修了者や社会生活の基礎となる学力を欠くことにより改善更生・社会復帰に支障があると考えられる在院者に対し、小・中学校の学習指導要領に準拠した教科指導を行う。高等学校への編入・復学、大学等進学や就労等のために高度な学力を身に付けることが必要な場合は、教科指導を行う。

４）体育指導

　社会の一員として自立生活を営むための基礎となる健全な心身をもたらすために必要な体育指導を行う。体育指導は、各種スポーツ種目等を通じ、日常生活に必要な体力・技能を高めること、遵法の精神や協調性を育む。

５）特別活動指導

　在院者の情操を豊かにし、自主・自律と協同の精神を養うため、自主的活動、クラブ活動、情操的活動、行事、社会貢献活動といった特別活動指導を行う。自主的活動は、在院者に日直、図書係、整備係、レクリエーション係等の役割を担当させ、自主性、協調性等を養わせる。その他、集会、ホームルーム、機関誌の作成等も行う。社会貢献活動は、福祉施設でのボランティア活動や近隣の公園・公共施設等の清掃・美化活動等のことである。

（4）　社会復帰に向けての支援

　在院者の改善更生のために、保護者に矯正教育に関する情報提供や講習会等を実施することで、在院者の非行に関わる問題等に対処できるよう指導・助言を行う。

　家庭裁判所等の関係機関や学校、病院、民間の篤志家等に協力を求め、専門的知識・技術を得る。民間の篤志家としては、篤志面接委員、教誨師、更生保護女性会員、BBS会員等がある。篤志面接委員は、在院者に対し、精神的悩みの相談・助言、教養指導等を行う。教誨師は、在院者の希望で宗教教誨を行う。

　出院後に自立した生活を営む上での困難を有する在院者に対し、保護観察所と連携して、帰住先を確保する、医療及び療養を受けることを助ける、修学又は就業を助けるなどの社会復帰支援を行う。法務省は、厚生労働省と連携して刑務所出所者等総合的就労支援対策を実施しているが、少年院でも在院者に対して、ハローワークの職員による職業相談等を実施する。

2　児童自立支援施設での支援

　児童自立支援施設は、「児童福祉法」第44条で、「不良行為をなし、又はなすおそれのある児童及び家庭環境その他の環境上の理由により生活指導等を要する児童を入所させ、又は保護者の下から通わせて、個々の児童の状況に応じて必要な指導を行い、その自立を支援し、あわせて退所した者について相談その他の援助を行うことを目的とする

施設とする」とある。そこでは、生活指導、職業指導、学科指導及び家庭環境の調整を行う。

「児童福祉施設の設備及び運営に関する基準」（以下、基準と称する）第84条において、生活指導及び職業指導については、「すべて児童がその適性及び能力に応じて、自立した社会人として健全な社会生活を営んでいくことができるよう支援することを目的として行わなければならない」とある。学科指導は、「学校教育法の規定による学習指導要領を準用する。ただし、学科指導を行わない場合にあってはこの限りでない」とある。「生活指導」については、児童の自主性を尊重しつつ、基本的生活習慣を確立するとともに豊かな人間性及び社会性を養い、かつ、将来自立した生活を営むために必要な知識及び経験を得ることができるように行わなければならない」とある。「職業指導」については、「勤労の基礎的な能力及び態度を育てるとともに、児童がその適性、能力等に応じた職業選択を行うことができるよう、適切な相談、助言、情報の提供等及び必要に応じ行う実習、講習等の支援により行わなければならない」とある。「家庭環境の調整」については、「児童の家庭の状況に応じ、親子関係の再構築等が図られるように行わなければならない」とある。入所中の個々の児童やその家庭の状況等を把握して、自立支援計画の策定をする児童自立支援専門員及び児童生活支援員のどちらかを児童と起居を共にさせなければならないことが定められている。

その他、関係機関との連携の重要性を示すために基準87条に「児童自立支援施設の長は、児童の通学する学校及び児童相談所並びに必要に応じ児童家庭支援センター、児童委員、公共職業安定所等関係機関と密接に連携して児童の指導及び家庭環境の調整に当たらなければならない」と定められている。また、基準88条において「心理学的及び精神医学的診査等」として「入所している児童の自立支援のため、随時心理学的及び精神医学的診査並びに教育評価（学科指導を行う場合に限る。）を行わなければならない」と明記されている。

（中 典子）

▶参考文献

西木貴美子「非行問題」小宅理沙監修／谷口卓、石井貴子『子ども家庭福祉』青山社、2017年、pp.95-102
法務省「平成29年版犯罪白書」

　http://hakusyo1.moj.go.jp/jp/64/nfm/n64_2_3_2_4_2.html（2018年8月20日確認）

特別な配慮を必要とする子どもの養育環境

●第1節　子どもの貧困

1　貧困とは

（1）　絶対的貧困

　世界をみると、国内の経済停滞や自然災害、紛争などによって生命の危機にさらされ、衣食住の保障がなされないまま、教育や保健衛生も不十分な過酷な環境のなかで生活している子どもたちがいる。このように、基本的な身体的ニーズを満たしていない状態を「絶対的貧困」という。絶対的な子どもの貧困対策として、安全な水や栄養のある食糧の確保、基礎的な教育環境の整備などが急務である。その貧困の状況は、多くの人にとって直感的に理解でき、また支援の手も差し伸べやすい。

（2）　相対的貧困

　標準的な生活様式や所属する社会で慣習になっている「普通の生活」をおくることができない状態を「相対的貧困」といい、日本の生活保護基準も「相対的貧困」という概念を用いて設定されている。『2019年国民生活基礎調査』によると、2018（平成30）年、日本の相対的貧困率[1]は新基準で15.7％、ひとり親世帯の貧困率は48.3％、17歳以下の子どもの貧困率は14.0％、となっている。これは、子どもの約7人に1人が貧困の状況にあるということであり、先進諸国の中でも極めて貧困率の高い国となっている。児童のいる世帯における母の仕事の有無をみると、「仕事あり」は72.4％（2019（平成31・令和元）年）となっており、末子の年齢階級別にみると、末子の年齢が高くなるにしたがって「非正規の職員・従業員」の母の割合が高くなり、「仕事なし」が低くなる傾向にある。

1）『国民生活基礎調査』における相対的貧困率は、一定基準（貧困線）を下回る等価可処分所得しか得ていない者の割合を示す。貧困線とは、等価可処分所得の中央値の半分の額（2018（平成30）年は127万円）をいう。等価可処分所得とは、世帯の可処分所得（収入から税金・社会保険料等を除いたもの）を世帯人員の平方根で割って調整した所得をいう。これらの算出方法は、OECD（経済協力開発機構）の作成基準に基づいている。

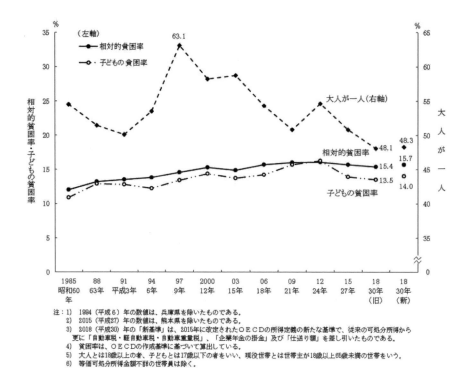

図10-1　貧困率の推移

厚生労働省「2019年度国民生活基礎調査」

https://www.mhlw.go.jp/toukei/saikin/hw/k-tyosa/k-tyosa19/index.html（2022年3月9日確認）

（3）　日本における貧困

　日本の所得格差は、正規雇用か非正規雇用か、また男女別でも顕著にわかる。総務省の「労働力調査（基本集計）令和2（2020）年平均結果の要約」によると、非正規雇用者は全体の37.1％で、2,090万人（前年比約75万人増）で2014（平成26）年以降で初めて減少している。そして、非正規の職員・従業員を男女別にみると、男性は665万人（前年比26万人減）、女性は1,425万人（前年比50万人増）であり、年齢階級別にみると、15〜64歳は1,701万人（前年比76万人減）、65歳以上は390万人（前年比1万人増）という結果が出ている。また、仕事からの年間収入階級別割合を男女、正規、非正規の職員・従業員別にみると、男性の正規の職員・従業員は2020（令和2）年平均で500〜699万円が23.2％と最も高く、次いで300〜399万円が19.3％であるのに対し、非正規の職員・従業員は100万円未満が28.9％と最も高く、次いで100〜199万円が27.9％であった。また、女性の正規の職員・従業員は200〜299万円が26.8％と最も高く、次いで300〜399万円が25.0％であるのに対し、非正規の職員・従業員は100万円未満が42.6％と最も高く、次いで100〜199万円が38.9％であった。

　子どもの貧困とは、「子どもが経済的困窮の状態におかれ、発達の諸段階におけるさ

まざまな機会が奪われた結果、人生全体に大きな影響をもたらすほどの深刻な不利を負ってしまうこと[2]」である。

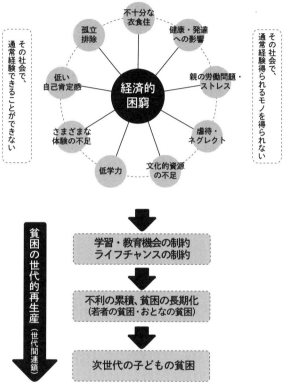

図10-2　子どもの貧困イメージ図

秋田喜代美他『貧困と保育』かもがわ出版、2016年、p.31より著者作成

　　子どもの生活困難を保護者の所得の問題として安易に直結させることは控えなければならないが、保護者の所得が大きくかかわることはさまざまな調査研究により明らかになっている。周囲の人が当たり前になっている生活を自分だけが享受できないという相対的貧困状態にある子どもは、絶対的貧困状態にある子どもよりも精神的な落ち込みが大きいといわれている。例えば、朝食を食べていない、インスタント食品やお菓子などで食事を済ませるといったような栄養格差、家族旅行やスポーツ観戦、キャンプなどの体験格差、習い事や学習塾などの教育格差など子どもの劣等感を生み出している状況が子どもの発達段階に大きな影響をもたらす。

2)　松本伊智朗他『子どもの貧困ハンドブック』かもがわ出版、2017年、p.12。
　　秋田喜代美・小西祐馬・菅原ますみ『貧困と保育』かもがわ出版、2016年、p.30。

日本において、「相対的貧困」にさらされている家庭や子どもたちの実態は周囲から見えづらく、問題解決に至ることが非常に困難であることが特徴である。相対的貧困とは、経済面にとどまらず、いじめや虐待など社会の中に潜在化している場合も多く、教育、雇用、福祉等のさまざまな社会制度に基づき発生する複合的な精神的・文化的な窮乏状態であるといえる。貧困の基準も、その時代、社会情勢に合わせて相対的に決めなければならず、社会の動きに連動して制度改定や法改正が繰り返されている。問題の所在や実態、因果関係、経済支援の直接効果などの把握は難しく、絡み合った課題を可視化し、それぞれ共有化し取り組んでいく必要がある。

2　子どもの貧困にかかわる法制度

（1）　生活福祉資金貸付制度

　生活福祉資金貸付制度とは、低所得世帯、障害者世帯、高齢者世帯を対象として資金の貸付と民生委員による必要な援助指導を行うことにより、その経済的自立と生活意欲の助長促進等を図り、安定した生活を営むことができるようにすることを目的とした制度であり、就職に必要な知識・技術等の習得や高校、大学等への就学、介護サービスを受けるための費用等の貸付を行っている。本制度は、都道府県社会福祉協議会を実施主体として、県内の市区町村社会福祉協議会が窓口となって実施している。

　生活福祉資金貸付制度は、総合支援資金、福祉資金、教育支援資金、不動産担保型生活資金を低利または無利子で貸付けるものである。

（2）　子どもの貧困対策の推進に関する法律（子どもの貧困対策推進法）

　生活保護を受けている世帯に育った子どもが成人となってからも生活保護受給者となる確率が高いことや高校生が家庭の経済的事情で学校を中退した場合、将来的に安定的職業に就くことが難しくなるといった貧困の連鎖（貧困の世代間連鎖）が日本において社会問題となり、2013（平成25）年、「子どもの貧困対策の推進に関する法律」が制定された。

　この法律は、「子どもの将来がその生まれ育った環境によって左右されることのないよう、全ての子どもが心身ともに健やかに育成され、及びその教育の機会均等が保障され、子ども一人一人が夢や希望を持つことができるようにするため、子どもの貧困の解消に向けて、児童の権利に関する条約の精神にのっとり、子どもの貧困対策に関し、基本理念を定め、国等の責務を明らかにし、及び子どもの貧困対策の基本となる事項を定めることにより、子どもの貧困対策を総合的に推進すること」（第1条）を目的とする。そして、「子どもの貧困対策は、社会のあらゆる分野において、子どもの年齢及び発達の程度に応じて、その意見が尊重され、その最善の利益が優先して考慮され、子どもが心身ともに健やかに育成されることを旨として、推進されなければならない」（第2条）としている。また、「政府は、子どもの貧困対策を総合的に推進するため、子どもの貧

困対策に関する大綱を定めなければならない」（第8条）としている。

表10-1　生活福祉資金貸付制度における生活福祉資金貸付条件等

資金種類		内容	貸付限度額	利子
総合支援資金	生活支援費	生活再建までに必要な費用	（単身）月15万円以内 （二人以上）月20万円以内	無利子 ※連帯保証人が いない場合は年1.5%
	住居入居費	敷金・礼金など住宅賃貸契約に必要な費用	40万円以内	
	一時生活再建費	就職・転職のための技能習得費や、滞納している公共料金の立替など生活再建のために一時的に必要な費用	60万円以内	
福祉資金	福祉費	生業を営むための経費や技能習得期間中の生計維持、福祉用具等の購入費、災害を受けた時の臨時費用等	580万円以内 ※資金用途に応じて上限額を設定	無利子 ※連帯保証人が いない場合は年1.5%
	緊急小口資金	緊急かつ一時的に生計維持が困難になった場合に必要な少額費用	10万円以内	無利子
教育支援資金	教育支援費	低所得世帯に属する学生が高校や大学などに就学するために必要な費用	（高校）月3.5万円以内 （高専）月6万円以内 （短大）月6万円以内 （大学）月6.5万円以内	無利子
	就学支度費	低所得世帯に属する学生が高校や大学などに入学するために必要な費用	50万円以内	
不動産担保型生活資金	不動産担保型生活資金	低所得高齢者世帯に対し一定の居住用不動産を担保にし生活資金を貸し付ける資金	・土地評価額の70%程度 ・月30万円以内	年3%もしくは長期プライムレートのいずれか低い利率
	要保護世帯向け不動産担保型生活資金	要保護高齢者世帯に対し一定の居住用不動産を担保にし生活資金を貸し付ける資金	・土地及び建物の評価額の70%程度 ・生活扶助額の1.5倍以内	

厚生労働省ＨＰ「生活福祉資金貸付条件等一覧」より一部引用

https://www.mhlw.go.jp/stf/seisakunitsuite/bunya/hukushi_kaigo/seikatsuhogo/seikatsu-fukushi-shikin1/

kashitsukejoken.html（2022年3月9日確認）

　2019（令和元）年6月、「子どもの貧困対策の推進に関する法律」が改正された。主な改正内容として、「子どもの『将来』だけでなく『現在』に向けた対策であること」「貧困解消に向けて、児童の権利条約の精神に則り推進すること」「子どもの年齢等に応じて、その意見が尊重され、その最善の利益が優先考慮され、健やかに育成されること」「各施策を子どもの状況に応じ包括的かつ早期に講ずること」「貧困の背景に様々な社会的要因があることを踏まえること」があげられる。また、ひとり親世帯の貧困率及び生活保護世帯に属する子どもの大学等進学率の検証評価等の施策の推進体制を大綱に明記し、子どもの貧困対策会議が大綱案の作成及び変更の際に、関係者の意見反映のための措置を講ずる旨を規定している。さらに、市町村に対し、貧困対策計画を策定する努力義務を課すとした。その他、教育の機会均等が図られるべき趣旨を明確化し、子どもへの直接的な支援以外の支援、就労後の職業生活も支援対象となる旨を明確化するとともに指標に関する研究を行う旨を明確にしている。

（３）　子供の貧困対策に関する大綱

　2014（平成26）年８月、国は、貧困の世代間連鎖を断ち切ることを目指すこと、将来を支える人材を積極的に育成することを重要視し、子どもの貧困の実態を踏まえ、切れ目のない施策の実施を打ち出すための「子供の貧困対策に関する大綱」を策定した。本大綱は、社会経済情勢の変化や子どもの貧困に関する状況の変化、本大綱に基づく施策の実施状況や対策の効果等を踏まえ、おおむね５年ごとを目処に見直すこととしている。[3]

　2019（令和元）年11月、本大綱は５年ぶりに見直しが行われ、指標をこれまでの25項目から39項目に増やし、ひとり親の正規雇用割合、食料や衣服の困窮経験など、新たな指標を追加した。また、支援が届かない、届きにくい子ども・家庭とつながることの重要性や外国籍や障がいなどの属性が具体的に例示され支援の必要性が謳われており、様々な支援を組み合わせる重要性が明記された。

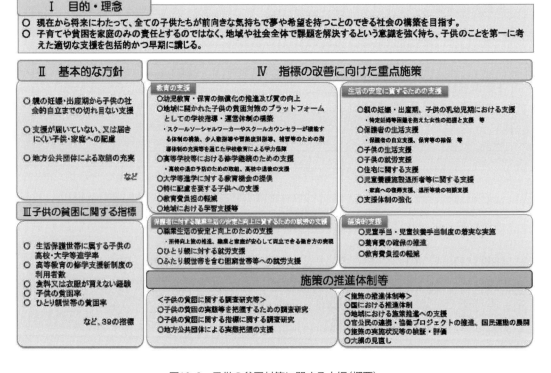

図10-3　子供の貧困対策に関する大綱（概要）

内閣府「子供の貧困対策に関する大綱」2019年

https://www.mext.go.jp/a_menu/shougai/kodomo-hinkontaisaku/1369104.htm（2022年3月9日確認）

---

3)　内閣府「子供の貧困対策に関する大綱—全ての子供たちが夢と希望を持って成長していける社会の実現を目指して—」2014年。

（4）　生活困窮者自立支援法に基づく学習支援

　「生活困窮者自立支援法」は、2013（平成25）年12月に成立し、2015（平成27）年4月から施行された。この法律は、「生活困窮者自立相談支援事業の実施、生活困窮者住居確保給付金の支給その他の生活困窮者に対する自立の支援に関する措置を講ずることにより、生活困窮者の自立の促進を図ること」（同法第1条）を目的としている。

　生活困窮者自立支援制度では、全国の福祉事務所設置自治体が実施主体となって、自立相談支援事業（必須事業）、住居確保給付金の支給（必須事業）、就労準備支援事業（任意事業）、家計相談支援事業（任意事業）、生活困窮世帯の子どもの学習支援（任意事業）、一時生活支援事業（任意事業）などを行う。

　子どもの学習支援では、学習のみならず、日常的な生活習慣、仲間と出会い活動ができる居場所づくり、進学に関する支援、高校進学者の中退防止に関する支援等も行っている。

3　社会問題からみる子どもの貧困への取り組み

　子どもの貧困問題解決に向けたさまざまな取り組みには、前述したような政府が打ち出す法・制度や地方自治体の実態把握のための調査やサービスの実施、またNPO等非営利団体による「こども食堂」や「無料学習支援」[4]などがある。

（1）　こども食堂

　こども食堂とは、地域住民や自治体が主体となって無料または低料金で子どもたちに食事を提供するコミュニティの場である。このような活動は古くからあるが、「子ども食堂」という名前が使われ始めたのは2012（平成24）年からである。民間団体「こども食堂安心・安全向上委員会」（代表　湯浅誠法政大教授）の調査によると2016（平成28）年には319カ所あった子ども食堂が2018（平成30）年には全国に2,286カ所あることが明らかになった。近年は、地域のすべての子どもや親、地域の大人など、対象を限定しない食堂が増えている。食堂という形を取らず、子どもが放課後に自宅以外で過ごす第三の居場所として食事を提供しているところもある。

4）　松本伊智朗・湯澤直美・平湯真人・山野良一・中嶋哲彦『子どもの貧困ハンドブック』かもがわ出版、2017年、pp.168–171。

（2）　無料学習支援

　近年、教育格差による貧困の連鎖を食い止めるため、NPO等の団体が無料学習支援を実施しており、子どもたちが家庭の状況に左右されることなく学べる場を保障するため、学生や地域住民が対応している。学習支援での成果については、試験における学力だけでなく、生活支援技術や非認知能力の向上、ソーシャルスキルの獲得などがあげられる。

　このような支援を通して、子育てをしている貧困家庭とのつながりをもち世帯全体の支援に繋げたり、子どもや保護者を未就学から高校卒業・自立まで継続的に見守ったりすることで、切れ目のない支援や地域社会で出会う人々と多様な人間関係づくりを構築することもできる。私たちは、貧困を自己責任として捉えるのではなく、貧困状況にある子どもやその世帯を社会全体で支える必要があるということを知っていくべきである。

（中川　陽子）

●第2節　外国につながる子どもとその家庭への支援

1　外国につながる子ども

　1990（平成2）年における「出入国管理及び難民認定法」の改正で、日本在留の外国人数の増加・長期滞在・定住化などで、外国につながる子ども[5]が急激に増加した。彼らの中には、日本語の指導を必要とする者があるとともに、母語・母文化・宗教・生活習慣などの多様な背景への理解と配慮を必要とする者もある。

　外国につながる子どもを地域の生活者とした場合、日本語の理解、日本における生活の理解、それに伴う生活のしづらさという課題が生じる。保育者が子どもの母語や母国の文化を理解できておらず、子どもの保護者との意思疎通が難しいという課題が生じることもある。それにより、子どもの不就学や不登校などの課題が生じてくる。子どもは、進学が難しい、就労が難しいという、将来の自立に向けての課題が生じることになる。保護者が日本語を理解できていない場合、日本の生活様式の理解が難しい状況になる。意思疎通が難しい状況であり、日本における医療機関利用の困難、障害者手帳取得の困

5）「外国につながる子ども」は、"佐久間まり子編（2014）『多文化保育・教育論』みらい、p.3の中で「外国籍の子ども、両親のいずれかが外国籍の子ども、帰国子女の子どもなど、言語文化背景が異なる子ども」を総称してあらわしている。特別な配慮を必要とする家庭の子どもとするのは「外国籍の子ども、両親のいずれかが外国籍の子ども、帰国子女の子どもなど、言語文化背景が異なる子ども」である。よって、「外国につながる子ども」という表現を用いている。

難、就労の困難、子育て支援の利用方法がわからないなどの課題が生じてくる。

　保護者は仕事が中心で日本語を学ぶ機会がないので日本語がわからない、子どもは日本語を学ぶが母国語がわからないということもある。

2　外国につながる子どもとその家庭への支援

（1）　子どもへの支援
1）言葉に関する支援
　日本で永住を考えている家庭の子どもは、日本の学校で学ぶ可能性があり、日本語の習得や学力を高めていくことを考えている。しかし、一時的な滞在の場合は異なってくる。そのため、保育者は、子どものこれまでのくらしについて把握する必要がある。

　日本語がわからない外国につながる子どもの場合、保育者は、子どもの母語を使用するなどして子どもが安心して活動に参加しやすくする必要がある。子どもが得意とすることや知っていることを他児に示すことで、他児の興味や関心を広げていき、交流を深めていく必要がある。

　また、日々の生活の中で用いる生活言語と学びの中で用いる学習言語がある。生活言語は、かかわりの中で習得することが可能であるが、学習言語の習得は生活言語より年数がかかる状況にある。そうなると、保育者による保育の場所での制作活動や遊びのルールについての説明などは子どもが理解しにくい状況にあるといえる。保育者は、外国につながる子どもの理解力に応じて、個別に対応する、また、視覚情報を増やしていくなどの対応を考える必要がある。

2）食に関する支援
　例えば、ムスリム（イスラーム教徒）家庭の子どもは、宗教的な理由により、豚肉やアルコールなどの食の禁忌がある。日本で出されている食品には、その禁忌にあたるものが含まれていることがある。その宗教的な理由による禁忌は、その国や地域などによって異なることもある。

　教育・保育施設などにおける食への配慮については、保護者と相談を重ねて進めていくことが必要である。特に、受け入れる時に、保護者と相談を重ねていき、理解していく必要がある。保育者と栄養関係の職員、調理員が情報共有し、連携して確認し、対応していく必要がある。ムスリムの子どもに対応するとき、保育者はイスラームについての理解を深める必要がある。そして、保護者とのコミュニケーションを深め、お互いに理解し合う必要がある。また、職員間で情報共有し、他児にも伝えていく必要がある。これは、他児に多文化を理解する機会をもたらすということにつながる。

3）生活に関する支援
　ムスリム家庭の子どもは、宗教的な理由により、体育についての配慮が必要である。服装はどうするのか、着替えはどうするのかなど、保護者との相談が必要になってくる。

ラマダン月の断食を子どもが行うかどうか、お祈りをどこで行うかなどについても保護者と事前に話し合う必要がある。保育者は、基本的には、保護者の宗教的な判断を尊重することになり、理解をしていく必要がある。このような配慮については、イスラーム以外の様々な宗教においても考えることができるので、保育者は子どもの文化的な背景についての理解をする必要がある。

（2）保護者への支援

　保育者は、外国につながる子どもとその保護者との関係構築のために、保育・教育環境について彼らに伝えるとともに彼らの母語や母文化について把握する必要がある。そのために、保護者と相談を重ね、どのような配慮が必要かを理解していく必要がある。個人面談や子どもが生活している保育室を見てもらったり、日本語での意思疎通が難しい場合は、通訳のボランティアなどに入ってもらう必要がある。お互いが理解できるようにしていく必要がある。

　また、連絡帳などの紙媒体で伝える時は、キーワードやイラストなどを用いて理解ができやすいように工夫する必要がある。

3　外国につながる子どもとその家庭に対する保育者の役割

　まず、保育者は、外国につながる子どもとその家庭に対して、「一人一人がそれぞれの思いを尊重された状況で園生活ができるようにする」ことが必要である。そのために、子どものことを理解して信頼関係を深めると同時に子どもをとりまく環境（家庭環境など）を理解することが求められる。具体的には、それぞれの生活様式の文化、歴史的な背景を理解することである。同じ国から来た人でもどの地方にどのように住んでいた人なのか、いつ頃日本に来たのかなどによって母国文化のとらえ方は異なると把握することである。文化は個人が持つ文化も含めて考え方は変化し続けると捉えることも重要である。また、母語で話をすることに迷いがある保護者や子どもは交流が少なくなる。そうなると、不利な立場に置かれやすく学力にも影響する。

　次に、保育者は、「子どもの多言語環境における成長発達を理解する」ことが必要である。言葉は人と関わるためのものであるとともに考える時のためのものでもある。保育者がそれぞれの文化に対する理解をする必要がある。

　最後に、保育者は、「子どもとその家庭に対して今何ができるのか、住んでいる地域がどのようであるのか、地域とつながっているのかなどについて把握する」必要がある。情報収集をしていき、理解に努めていく必要がある。子どもが、成長発達していくにつれて他者と関わり、子ども同士がお互いの意見を尊重し合うことができるようにするために、子ども同士の関係調整していくことが必要である。

（中　典子）（小宅　理沙）

▶ 参考文献

＜第 1 節＞

日本財団子どもの貧困対策チーム『徹底調査　子供の貧困が日本を滅ぼす　社会的損失 40 兆円の衝撃』
　　文春新書、2016 年

松本伊智朗・湯澤直美・平湯真人・山野良一・中嶋哲彦『子どもの貧困ハンドブック』かもがわ出版、
　　2017 年

秋田喜代美・小西祐馬・菅原ますみ『貧困と保育』かもがわ出版、2016 年

山野良一『子供に貧困を押しつける国・日本』光文社新書、2016 年

厚生労働省「2019 年国民生活基礎調査の概況」
　　https://www.mhlw.go.jp/toukei/saikin/hw/k-tyosa/k-tyosa19/index.html（2021 年 1 月 20 日確認）

内閣府（2014）「子供の貧困対策に関する大綱―全ての子供たちが夢と希望を持って成長していける社会の
　　実現を目指して―」 https://www8.cao.go.jp/kodomonohinkon/pdf/taikou.pdf　（2019 年 12 月 17 日確認）

総務省統計局「労働力調査（基本集計）2020 年（令和 2 年）平均結果の概要」
　　https://www.stat.go.jp/data/roudou/sokuhou/nen/ft/pdf/index.pdf（2021 年 1 月 20 日確認）

社会福祉法人全国社会福祉協議会「生活福祉資金」
　　https://www.shakyo.or.jp/guide/shikin/seikatsu/index.html（2019 年 12 月 19 日）

厚生労働省「生活福祉資金貸付条件等一覧」
　　https://www.mhlw.go.jp/stf/seisakunitsuite/bunya/hukushi_kaigo/seikatsuhogo/seikatsu-fukushi-shikin1/
　　kashitsukejoken.html　（2019 年 12 月 17 日確認）

厚生労働省「生活福祉資金貸付条件等一覧」
　　https://www.mhlw.go.jp/stf/seisakunitsuite/bunya/hukushi_kaigo/seikatsuhogo/seikatsu-fukushi-shikin1/
　　kashitsukejoken.html（2019 年 12 月 17 日確認）

内閣府「子どもの貧困対策の推進に関する法律 改正概要」
　　https://www8.cao.go.jp/kodomonohinkon/yuushikisya/k_13/pdf/s2.pdf　（2019 年 12 月 17 日確認）

内閣府「子供の貧困対策に関する大綱のポイント」
　　https://www8.cao.go.jp/kodomonohinkon/pdf/r01-taikou_gaiyou.pdf　（2019 年 12 月 19 日確認）

厚生労働省社会・援護局地域福祉課 生活困窮者自立支援室「生活困窮者自立支援制度について」
　　https://www.mhlw.go.jp/file/06-Seisakujouhou-12000000-Shakaiengokyoku-Shakai/
　　2707seikatukonnkyuushajiritsusiennseidonituite.pdf（2019 年 12 月 17 日確認）

内閣府子どもの貧困対策有識者会議資料「学習支援の現状及び在り方 学習支援の第 2 ステージに向けて
　　2018.05.17 特定非営利活動法人キッズドア 渡辺由美子」
　　https://www8.cao.go.jp/kodomonohinkon/yuushikisya/k_6/pdf/s2_2.pdf（2019 年 12 月 17 日確認）

＜第 2 節＞

咲間まり子『多文化保育・教育論』みらい、2014 年

文部科学省「外国人児童生徒等に対する教育支援に関する基礎資料」

　　http://www.mext.go.jp/b_menu/shingi/chousa/shotou/121/shiryo/__icsFiles/afieldfile/2015/12/22/
　　1365267_01_1.pdf（2018年7月9日確認）

文部科学省初等中等教育局国際教育課（平成23年）「外国人児童生徒の受け入れの手引き」

　　http://www.mext.go.jp/a_menu/shotou/clarinet/002/1304668.htm（2018年7月17日確認）

文部科学省初等中等教育局国際教育課（平成28年）「外国人児童生徒等教育の現状と課題」

　　http://www.bunka.go.jp/seisaku/kokugo_nihongo/kyoiku/todofuken_kenshu/h28_hokoku/pdf
　　（2018年7月17日確認）

文部科学省「Ⅲ 外国人の子どもに対する就学支援について」

　　http://www.mext.go.jp/b_menu/shingi/chousa/shotou/042/houkoku/08070301/004.htm
　　（2018年7月17日確認）

〔コラム4〕

❖ 日本におけるイスラム教をバックグラウンドに持つ子どもたち ❖

　2030（令和12）年には全世界の何と30％がイスラム教徒で占めるのではとも言われているが、2019（平成31・令和元）年現在で世界人口はおよそ76億人で、そのうちイスラム教徒人口は16億人、そして日本在住のイスラム教徒人口は11万人と推計されている。2008（平成20）年度に受入が開始したEPA外国人看護師・介護福祉士の中には永住ビザを取得する方がでてくる中、2019（平成31）年4月には、新たな就労ビザ制度「特定技能」がスタートするなど、今後加速度的に日本社会で生活するイスラム教徒が増えることとなるであろう。外国人労働者と日本人との恋愛や結婚も増えれば、益々イスラム教をバックグラウンドに持つ家庭が急増することとなる。

　イスラム教徒といえば、聖典「コーラン」に基づく信仰を持ち、女性はスカーフのようなもの（ヒジャブ）を頭にかぶり1日5回お祈りをする、などのイメージがあるのではないか。イスラム教には6信5行というものがある。まず6信は、①唯一信でアラー以外に神を認めず、②天使の存在を信じ、③コーランを信じ、④モーゼやイエス・キリストなどの預言者の存在を信じ、⑤死後の世界の存在を信じ、⑥全ての人間の運命をアラーの定めた天命だと信じることを指す。そして5行は、「アラーの他に神はなし」と唱える〈1〉信仰告白（シャハーダ）、1日に5回メッカの方向にお祈りをする〈2〉礼拝（サラート）、収入の一部を貧者に施す〈3〉喜捨（ザカート）、ラマダン月に飲食をしない〈4〉断食（サウム）、一生に一度はメッカの巡礼が義務とされる〈5〉巡礼（ハッジ）、が義務とされている。

　このようなイスラム教徒の労働者や留学生を最近日本でもよく見かけるようになり、日本におけるイスラム教徒による妊娠・出産ケースも急増している。イスラム教では出産などの場面では同性による対応がベターとされているのか、女医が指名されることも多々あり、しかし毎回このようなイスラム教徒からのリクエストに対応できる体制に病院側もまだない等の話があがってきている。また、出産後の子育て場面においては、「こんにちは赤ちゃん事業」において保健師が各家庭を巡回しようとイスラム教徒の家庭を訪ねるものの、日本の「こんにちは赤ちゃん事業」などの制度への無知により、自分の子どもが行政職員に突然奪われてしまうのではないかと、玄関の鍵を開けてくれないなどの事例の報告もある。保健師もインターホン越しに事業の内容や趣旨の説明を試みはするものの、言語

の壁により、イスラム教徒に上手く内容を理解してもらうことができずに困るケースもあるそうである。イスラム教徒家庭の出生率は何と平均４人とされていることから、日本におけるイスラム教徒の妊娠・出産・子育てに関する支援体制については、事前の準備が急務といえるのではないか。

　また、生殖や子育て場面において最大ともいえる課題点は、「割礼」の問題だと考える。割礼とは性器の包皮の一部切除を意味する。イスラム教徒は教えに従い自分の子どもの割礼を希望するものの、医療機関によっては、手術の必要性が無い健康状態の場合などに「割礼」手術を断るケースがあるという。医療機関では割礼をしてもらえなかった場合に、なかには医師免許を持たない指導者（イマム）などに子どもの割礼を頼むことなどが、これまでの研究より明らかとなっている。ちゃんと麻酔をするんだろうか？　とか、抜糸は誰がするの？　など色々と気になる。日本社会において、医師免許を持たない者が子どもの意思に関係なく割礼を行うことも「子どもの権利」という視点からみると、信仰の自由だから、では済まされない事態になるのではないかと懸念するのは私だけあろうか。

　さらに事態が混乱していくのは、イスラム教徒と日本人との結婚である。日本においてイスラム教徒が急増すれば、当然日本人との国際結婚も増えていくであろう。しかし、イスラム教徒は「聖典コーラン」に基づき、「イスラム教徒と異教徒が結婚するとその配偶者はイスラム教徒となる」と信じている一方で、日本においては無宗教者も多く、イスラム教徒と結婚したことで自身がイスラム教徒になったと自覚しているケースばかりではない。実際に、イスラム教徒と日本人が結婚した家庭のケースで、父親と母親がそれぞれの異なる意向を保育所に示し、保育現場が混乱しているという状況が報告されている。具体的には、イスラム教徒である父親からは「給食では豚肉は食べさせないで欲しい」と保育園に申し出があり、しかし母親からは「この子は半分日本人だから、日本人と同じように豚肉も給食では食べさせて下さい」と言われ、保育園が板挟み状態になってしまうのである。となると、食の場面だけではなく、妊娠の定期健診場面や出産場面、そして子育て場面においても、父親と母親の相異なる要望が同時に医療機関等へ出されたとしたら、同じく現場は混乱していくことが予測できる。

　この先のこのような状況を予測し、様々な場面への対策がいま、日本ではせまられているのではないか。その第一歩として、世界３大宗教とされるイスラム教の基礎知識を我々も身に付け、イスラム教についての正しい理解を深めていかなくてはならないはずである。だからといって、イスラム教徒とひとくくりにはできない。

他の宗教においても同じことが言えるが、厳格な人もいれば、信仰が深い人、そこまで厳格ではない人、と様々な人がいるため、最終的には「その人」を理解することが重要になってくるはずである。機会があれば私も、お祈りなどのためにイスラム教徒が集まるモスクへ遊びに行って、色々な人と色々な会話をしてみたいものである。

（小宅　理沙）（中　典子）

〔コラム5〕

❖ 外国人介護人材の受け入れについて ❖

　介護業界では人材不足問題が年々深刻化してきている。そうした中で、人材確保策の柱の1つとして期待されているのが外国人介護人材の受け入れである。外国人介護人材の受け入れが進むということは、外国籍の親のもとで生活する子どもたちが増えていくことにつながる。なぜなら、他職種、他の種類の在留資格ビザとは異なり、介護分野においては「永住ビザ」が取得できる確率が高いからである（他職種、他の種類のビザでも取得の可能性はあり）。外国人介護人材の受け入れが進んでいくことにより、急激なグルーバル化に拍車がかかっていくこととなる。

　外国人介護人材を受け入れ・雇用できる主な制度には、

> ①EPA（経済連携協定）に基づく外国人介護福祉士候補者の雇用（以下、EPA制度）
> ②日本の介護福祉士養成校を卒業した在留資格「介護」を持つ外国人の雇用（以下、介護ビザ）
> ③技能実習制度を活用した外国人（技能実習生）の雇用（以下、技能実習制度）
> ④在留資格「特定技能」を持つ外国人の雇用（以下、特定技能外国人）

の4つがある。

　①EPA制度においては、インドネシア共和国、フィリピン、ベトナムの限定3ヵ国から、これまで5,000名以上の介護福祉士候補者（以下「EPA介護福祉士候補者」という）を受け入れ、約1,000名以上が介護福祉士の資格を取得している。
　このEPA制度は、2008（平成20）年にスタートした。EPA介護福祉士候補者は、母国においては看護師の資格を持つ。そして、EPA介護福祉士候補者たちは介護現場にて実務を3年経験すると、介護福祉士国家試験の受験資格が得られる。先述したように、これまでに約1,000名以上が介護福祉士の資格を取得している。また2008（平成20）年にスタートしたこのEPA制度において、EPA介護福祉士候補者を経て介護福祉士国家資格を取得した介護福祉士の中には、10年以上日本に在住しているなど一定の条件をクリアし永住権を取得し、日本で子育てをしている者も多数いる。

　②介護福祉士の国家資格取得を目指す留学生が目指す在留資格「介護」を創設する「出入国管理及び難民認定法の一部を改正する法律」が2016（平成28）年11月18日に成立し、同月28日に公布され、2017（平成29）年9月1日から施行された。

　留学生らのほとんどが、留学前にすでに将来の就職先である介護施設等と先に契約をし、留学生として来日し、卒業後に介護福祉士の資格を取得できた際には、すでに契約している介護施設等へそのまま就職をする、といった流れになっている。

　また①のEPA制度において入国し、介護福祉士の資格を取得した者は、この介護ビザへの切替が可能となっている。

　③2017（平成29）年11月1日に技能実習制度に介護職種が追加された。2019（令和元）年11月30日の時点では、介護職種における技能実習計画の申請件数は8,249件、認定件数は6,719件となっている。当初は介護人材の不足問題解決に期待されていたが、思うように人材の確保ができなかった。

　④中小・小規模事業者をはじめとした深刻化する人手不足に対応するため、生産性向上や国内人材の確保のための取組を行ってもなお人材を確保することが困難な状況にある産業上の分野において、一定の専門性・技能を有する外国人を受け入れていくため、新たな在留資格「特定技能」を創設する「出入国管理及び難民認定法の一部を改正する法律」が2018（平成30）年12月に成立・公布され、2019（平成31）年4月1日から施行された。介護分野においても特定技能1号の在留資格で外国人人材の受け入れが進められている。

　技能実習制度よりも受け入れが進んでおり、日本の介護施設等において3年以上の経験を積んだ後、介護福祉士国家試験の受験資格が得られる。そして介護福祉士の資格を取得すると、②介護ビザへの切替が可能となる。現在「特定技能1号」においては5年間限定で就労が認められているが、②介護ビザへの切替をすれば、定年退職までの就労が可能となる。

　以上のように、介護現場における人材不足問題が深刻なため、外国人労働者に頼らざるを得ない状況にあることがわかる。そして、外国人労働者が急激に増えていくことがこの先予想されるが、そのことにより外国籍の親を持つ子どもの数が急増していく。現代の日本社会においては、多文化共生社会の実現が急務であり、いかに実現するかが問われている。

（小宅理沙）

<table>
<tr><td>第
11
章</td><td>子ども家庭への支援活動</td></tr>
</table>

　子ども家庭福祉の充実を図るには、専門職によるコーディネートとネットワークの構築が必要である。本章では、スクールソーシャルワーカーによるコーディネートとネットワークの構築を紹介し、子ども家庭への支援活動におけるその重要性の理解を深める。

●第1節　専門職によるコーディネートとネットワーク

1　アメリカにおけるスクールソーシャルワーク

　スクールソーシャルワーカー（以下、SSWと称す）は、訪問教師という名称で1906（明治39）年秋にアメリカのニューヨーク州ニューヨークで誕生した。ハートレーハウス（Hartley House）やグリニッジハウス（Greenwich house）などで生活するセツルメントハウス・ワーカーが、「学校及び家庭を訪問する者」として任命されたことが始まりであった。訪問教師は、①子どもの学びに影響する生活環境についてネットワークを構築して把握する、②教職員を支援する、③子どもと親を支援する、④学校と地域の社会資源のコーディネートをする役割を担っていた。彼らは、後にSSWと呼ばれるようになり、その役割も拡大していった。特に、SSWに大きな影響を与えたのは、1975（昭和50）年の「障害児教育法」であった。これにより、SSWは、特別支援教育の遂行を目指して、子どもの暮らしを整えるための支援を行うことが求められるようになった。

2　わが国におけるスクールソーシャルワーク

　わが国では、1960年代において大阪市立あいりん小・中学校での学校ケースワーカーの取り組み等、各地域でSSWのさきがけのような取り組みがなされていた。しかし、それは地域ごとによるものであり、国の事業として始まるのは、2008（平成20）年まで待たねばならなかった。
　文部科学省は、児童生徒が教育を受けやすい環境を整えるために「児童生徒が置かれ

ている様々な環境に着目して働き掛けることができる人材」や「学校内あるいは学校の枠を越えて、関係機関等との連携をより一層強化し、問題を抱える児童生徒の課題解決を図るためのコーディネーター的な存在」を求めた。そこで、2008（平成20）年4月におよそ15億円の予算のもと、スクールソーシャルワーカー活用事業が導入され、現在に至る。文部科学省は、「問題を抱える児童生徒が置かれた環境への働き掛け」「関係機関等とのネットワークの構築、連携・調整」「学校内におけるチーム体制の構築、支援」「保護者、教職員等に対する支援・相談・情報提供」「教職員等への研修活動」等、をSSWの職務内容とした。つまり、わが国におけるSSWは、子どもの生活関連課題の軽減に向けて学校・家庭・地域をコーディネートし、ネットワークを構築して支援体制を築いていく専門職ということである（日本学校ソーシャルワーク学会　2008）。日本学校ソーシャルワーク学会が設立の趣旨の中であらわした子どもの人権と教育及び発達の保障をするために学校・家庭・地域が一体となって支援できるように導く者である。

3　近年の支援事例の状況

　SSWは、児童生徒の教育を受ける権利の妨げとなるいじめ、不登校、暴力行為、非行等の問題行動の背景にある生活関連課題に対応し、環境を整えていくことがその役割である。

　文部科学省の2010（平成22）年度から2012（平成24）年度までのスクールソーシャルワーカー実践活動事例集を検討すると「発達障害のある児童生徒の不登校への支援」という事例が増加している。2010（平成22）年度においてその事例を示しているのは、大阪府、島根県、岡山県、大分県、札幌市の教育委員会であった。2011（平成23）年度は熊本市、広島市、大阪市、浜松市、香川県、大阪府、静岡県、秋田県、北海道の教育委員会であった。2012（平成24）年度では、茨城県、埼玉県、千葉県、東京都、奈良県、島根県、岡山県、広島県、愛媛県、長崎県、札幌市、広島市、北九州市、金沢市の教育委員会であった。

　このような状況をみると、SSWが発達障害のある児童生徒に対する不登校支援の場面で実施したコーディネートとネットワークについて理解する必要がある。

●第2節　支援活動の事例

　ここでは、岩永（2013）の「発達障害のある児童生徒の不登校支援事例」をもとに考察し、SSWの役割を明らかにする。

1 SSWが相談を受けた事例の概要

（1）主訴（SSWに対する中学校の特別支援教育コーディネーターの相談内容）

A男（中学2年、14歳）が自室にこもり、暴力がみられるので緊急相談できる機関はないか。

（2）SSWの対応

危険性が高い場合は警察へ、それ以外は保健所へ相談することができるということを伝える（情報提供）。学校を訪問して状況を把握する（特別支援教育コーディネーターは、この相談をきっかけとしてA男の生活環境を整える支援をSSWに依頼していると考えられる）。

（3）学校訪問でSSWが得た情報

A男は、中学1年時は登校できていたが、学校での様々な刺激により、安定した学校生活を送ることはできていなかった。2年生になってから不登校が始まり、部屋にこもってゲームをするようになり、生活リズムが不規則になった。家族は、母（35歳）、弟（12歳）の3人で、父（40歳）はA男が小学生の時に母と離婚したため、一緒には住んでいない。家族は、B市D区の公営住宅に住んでいる。母の生命保険会社での仕事による収入で生計がたてられている。A男は広汎性発達障害の診断を受けているが、今はどこの医療機関ともつながっていない。母は相談には行くが、落ち着くと相談をやめてしまう。学校としては保健所に相談し、何かあれば警察にとの助言を保健師からから受けた。

（4）情報に基づいてSSWが考えた状況

母と関係機関がうまくつながれていない。学校と関係機関の意思疎通がうまくいっていない。

SSWは、関係機関のコーディネートをする必要性があると考え、学校側にケース会議の開催を提案した。ケース会議で、SSWは母との面談を実施し、関係機関につなげていきコーディネートする、ネットワークを構築していく役割を担うことになった。

2 ケース会議後のSSWの動き

特別支援教育コーディネーターにSSWと母をつないでもらい、A男の暮らしの安定を図るために母の思いを聞くことから始めた。A男の医療機関への受診や緊急時の対応について保健所と連携して考えるようにした。A男の母への暴言・暴力の時に母の不安を受け止めながら、母にA男についての精神科病院への相談を提案し、同行した。A男が

受診を拒否したため、保健師に家庭訪問への同行をお願いし、母への面談を実施した。母の不安を受け止めながら「A男を心配してSSWと保健師が訪問する」ということを母からA男に伝えるように働きかけた。A男には会えなかったが保健師とともに家庭訪問を行い、母と面接し、受診への働きかけをサポートした。A男を医療機関への受診につなげることができたが、服薬、再度の受診を拒否することもあり、母は再度の受診をあきらめたこともあった。A男はSSWに会うことを拒否し、会うことはできなかったが、SSWは母をサポートし続けた。SSWは、A男に対して支援がないと生じてくるリスク、A男のことと母の今の状況が心配であるということを伝えていった。そして必要に応じていつでも対応できるよう関係をつくろうと努めた。

3　SSWによる支援後のA男の状況

その後、母よりSSWに対して、A男は受診し服薬を始めたとの連絡が入った。学校から、A男が登校し、「学校生活での刺激がつらかった」ことなどを特別支援教育コーディネーターに話したとの連絡が入った。A男は登校するようになり、高等学校へ進学したとの連絡が入った。高等学校でもサポートが必要になるかもしれないが、登校できているということであった。

●第3節　子ども家庭に対して支援をする専門職の役割

岩永（2013）の事例より、A男が毎日登校できるようになった理由を考えると、中学3年生に進学し、高校受験が迫ってくる状況があったからかもしれない。母はあきらめ気味であったようだが、A男の、何とかしなければという気持ちを引き出すように働きかけることができたのは、SSWをはじめ、関係者によるサポートがあったこともその理由の一つであろう。保健所保健師による、精神保健に関する情報提供が、母の精神保健に関する理解を深めたことも考えられる。そう考えると、SSWが協働する相手として保健師を選んだことはA男のサポートに良い状況をもたらすことになったのかもしれない。

そのような環境の変化もあり、A男も母の働きかけから医療機関の受診は望ましいと考えたのではないか。そして服薬する中で、その効果もあると感じたのではないか。医療機関への受診の必要性を母が理解し、A男に対して伝え続けたことが、服薬につながったのかもしれない。それによってA男は落ち着き、特別支援教育コーディネーターにも思いを語ることができたのかもしれない。最近の高等学校への進学率が物語るように、進路のことが目前に迫ってくると、多くの生徒が高等学校へ行くことを望むようになるといえる。A男も高校受験のことを考え、登校して勉強しようという思いが出てきたのではないか。将来のことを考え始め、医療機関への受診により服薬し、それにより落ち

着くことができ、進路のことについて冷静に考えることができるようになったのではないか。

　岩永（2013）は、この事例で、SSWはA男に会うことはできなかったと述べるが、A男への対応に疲れている母の思いを関係機関で共有し、支援することが母のA男への対応を支えたと考察している。母が安定したことで、A男の抱える生活のしづらさに働きかけることになり、A男が登校できるまでになったということである。また、A男と母が持っている力にSSWが気づき、その力を発揮できるように働きかけて状況が改善していくことになったと感じることができたなら、SSWの存在意義があったのではないか、とも考察している（岩永　2013）。

　以上のことから、この事例におけるSSWの役割を考えると、次のとおりである。

◆学校への聞き取りに基づいて情報を整理する。
◆関係機関との連携の可能性について学校に提案する。
◆情報収集と整理を行い、関係機関につなぐ。
◆ケース会議を提案する。
◆ケース会議に向けての準備をする。
◆ケースの課題共有を働きかける。
◆生徒の生活状況を把握する。
◆保健所保健師との連携を図る。
◆家庭訪問を行い、保護者面談を実施する。
◆学校や家庭にフィードバックする。

　上記のSSWの役割は一事例に基づくものであるが、SSWは、ネットワークを広げて情報共有をもたらし、専門職同士の連携を深めるためのコーディネートを行っていることが分かる。本章でとりあげた事例は児童生徒を取り巻く環境に働きかけ、彼らが学びやすい状況を整えていくために、SSWの役割が重要であると理解できる事例である。

（中　典子）

参考文献

文部科学省「スクールソーシャルワーカー活用事業」　2008年

　http://www.mext.go.jp/b_menu/shingi/chousa/shotou/046/shiryo/08032502/003/010.htm

　（2016年7月7日確認）

文部科学省初等中等教育局児童生徒課『平成22年度スクールソーシャルワーカー実践活動事例集』　2010年、

『平成23年度スクールソーシャルワーカー実践活動事例集』 2011年、『平成24年度スクールソーシャルワーカー実践活動事例集』 2013年

福岡県スクールソーシャルワーカー協会編『子ども・家庭・学校支援の実際　スクールソーシャルワーカー　実践事例集』中央法規、2014年、pp.107-112

日本学校ソーシャルワーク学会編『スクールソーシャルワーカー養成テキスト』中央法規、2008年、pp.3-37

岩永靖「特別支援教育とスクールソーシャルワーク」山野則子・野田正人・半羽利美佳編『よくわかるスクールソーシャルワーク』ミネルヴァ書房、2013年、pp.120-123

川崎洋充「大阪市立あいりん小中学校─スクール・ソーシャルワーカーのさきがけ：小柳伸顕─」大阪ソーシャルワーカー協会編『大阪の誇り　福祉の先駆者たち　挑戦の軌跡』晃洋書房、2013年、pp.122-123

資料

●児童虐待防止対策の強化を図るための児童福祉法等の
　一部を改正する法律 新旧対照条文
　　　（厚生労働省 HP　https://www.mhlw.go.jp/content/000489921.pdf）

●児童の権利に関する条約
　　　（外務省 HP　http://www.mofa.go.jp./mofaj/gaiko/jido/zenbun.html）

児童虐待防止対策の強化を図るための児童福祉法等の一部を改正する法律　新旧対照条文

目次

○　児童福祉法（昭和二十二年法律第百六十四号）（抄）（第一条関係）【令和二年四月一日施行】

（傍線部分は改正部分）

改正案	現行
第八条　第六項、第四十六条第四項及び第五十九条第五項の規定によりその権限に属させられた事項を調査審議するため、都道府県に児童福祉に関する審議会その他の合議制の機関を置くものとする。ただし、社会福祉法（昭和二十六年法律第四十五号）第十二条第一項の規定により同法第七条第一項に規定する地方社会福祉審議会（以下「地方社会福祉審議会」という。）に児童福祉に関する事項を調査審議させる都道府県にあっては、この限りでない。 ②〜⑤　（略） ⑥　児童福祉審議会は、特に必要があると認めるときは、児童、妊産婦及び知的障害者、これらの者の家族その他の関係者に対し、第一項本文及び第二項の事項を調査審議するため必要な報告若しくは資料の提出を求め、又はその者の出席を求め、その意見を聴くことができる。 ⑦　児童福祉審議会は、前項の規定により意見を聴く場合において、意見を述べる者の心身の状況、その者の置かれている環境その他の状況に配慮しなければならない。 ⑧・⑨　（略）	第八条　第六項、第四十六条第四項及び第五十九条第五項の規定によりその権限に属させられた事項を調査審議するため、都道府県に児童福祉に関する審議会その他の合議制の機関を置くものとする。ただし、社会福祉法（昭和二十六年法律第四十五号）第十二条第一項の規定により同法第七条第一項に規定する地方社会福祉審議会（以下「地方社会福祉審議会」という。）に児童福祉に関する事項を調査審議させる都道府県にあっては、この限りでない。 ②〜⑤　（略） ⑥　児童福祉審議会は、特に必要があると認めるときは、児童、妊産婦及び知的障害者、これらの者の家族その他の関係者に対し、第一項本文及び第二項の事項を調査審議するため必要な報告若しくは資料の提出を求め、又はその者の出席を求め、その意見を聴くことができる。 （新設） ⑦・⑧　（略）

- 1 -

第十条　市町村は、この法律の施行に関し、次に掲げる業務を行わなければならない。	第十条　市町村は、この法律の施行に関し、次に掲げる業務を行わなければならない。
一　児童及び妊産婦の福祉に関し、必要な実情の把握に努めること。	一　児童及び妊産婦の福祉に関し、必要な実情の把握に努めること。
二　児童及び妊産婦の福祉に関し、必要な情報の提供を行うこと。	二　児童及び妊産婦の福祉に関し、必要な情報の提供を行うこと。
三　児童及び妊産婦の福祉に関し、家庭その他からの相談に応ずること並びに必要な調査及び指導を行うこと並びにこれらに付随する業務を行うこと。	三　児童及び妊産婦の福祉に関し、家庭その他からの相談に応ずること並びに必要な調査及び指導を行うこと並びにこれらに付随する業務を行うこと。
四　前三号に掲げるもののほか、児童及び妊産婦の福祉に関し、家庭その他につき、必要な支援を行うこと。	四　前三号に掲げるもののほか、児童及び妊産婦の福祉に関し、家庭その他につき、必要な支援を行うこと。
②　市町村長は、前項第三号に掲げる業務のうち専門的な知識及び技術を必要とするものについては、児童相談所の技術的援助及び助言を求めなければならない。	②　市町村長は、前項第三号に掲げる業務のうち専門的な知識及び技術を必要とするものについては、児童相談所の技術的援助及び助言を求めなければならない。
③　市町村長は、第一項第三号に掲げる業務を行うに当たつて、医学的、心理学的、教育学的、社会学的及び精神保健上の判定を必要とする場合には、児童相談所の判定を求めなければならない。	③　市町村長は、第一項第三号に掲げる業務を行うに当たつて、医学的、心理学的、教育学的、社会学的及び精神保健上の判定を必要とする場合には、児童相談所の判定を求めなければならない。
④　市町村は、この法律による事務を適切に行うために必要な体制の整備に努めるとともに、当該事務に従事する職員の人材の確保及び資質の向上のために必要な措置を講じなければならない。	④　市町村は、この法律による事務を適切に行うために必要な体制の整備に努めるとともに、当該事務に従事する職員の人材の確保及び資質の向上のために必要な措置を講じなければならない。
⑤　国は、市町村における前項の体制の整備及び措置の実施に関し、必要な支援を行うように努めなければならない。	（新設）
第十一条　都道府県は、この法律の施行に関し、次に掲げる業務を行わなければならない。	第十一条　都道府県は、この法律の施行に関し、次に掲げる業務を行わなければならない。

一　第十条第一項各号に掲げる市町村の業務の実施に関し、市町村相互間の連絡調整、市町村に対する情報の提供、市町村職員の研修その他必要な援助を行うこと及びこれらに付随する業務を行うこと。	一　第十条第一項各号に掲げる市町村の業務の実施に関し、市町村相互間の連絡調整、市町村に対する情報の提供、市町村職員の研修その他必要な援助を行うこと及びこれらに付随する業務を行うこと。
二　児童及び妊産婦の福祉に関し、主として次に掲げる業務を行うこと。	二　児童及び妊産婦の福祉に関し、主として次に掲げる業務を行うこと。
イ　各市町村の区域を超えた広域的な見地から、実情の把握に努めること。	イ　各市町村の区域を超えた広域的な見地から、実情の把握に努めること。
ロ　児童に関する家庭その他からの相談のうち、専門的な知識及び技術を必要とするものに応ずること。	ロ　児童に関する家庭その他からの相談のうち、専門的な知識及び技術を必要とするものに応ずること。
ハ　児童及びその家庭につき、必要な調査並びに医学的、心理学的、教育学的、社会学的及び精神保健上の判定を行うこと。	ハ　児童及びその家庭につき、必要な調査並びに医学的、心理学的、教育学的、社会学的及び精神保健上の判定を行うこと。
ニ　児童及びその保護者につき、ハの調査又は判定に基づいて心理又は児童の健康及び心身の発達に関する専門的な知識及び技術を必要とする指導その他必要な指導を行うこと。	ニ　児童及びその保護者につき、ハの調査又は判定に基づいて心理又は児童の健康及び心身の発達に関する専門的な知識及び技術を必要とする指導その他必要な指導を行うこと。
ホ　児童の一時保護を行うこと。	ホ　児童の一時保護を行うこと。
ヘ　児童の権利の保護の観点から、一時保護の解除後の家庭その他の環境の調整、当該児童の状況の把握その他の措置により当該児童の安全を確保すること。	（新設）
ト　里親に関する次に掲げる業務を行うこと。	ヘ　里親に関する次に掲げる業務を行うこと。
(1)　里親に関する普及啓発を行うこと。	(1)　里親に関する普及啓発を行うこと。
(2)　里親につき、その相談に応じ、必要な情報の提供、助言、研修その他の援助を行うこと。	(2)　里親につき、その相談に応じ、必要な情報の提供、助言、研修その他の援助を行うこと。
(3)　里親と第二十七条第一項第三号の規定により入所の措置が採ら	(3)　里親と第二十七条第一項第三号の規定により入所の措置が採ら

現行（-4-）

> れて、乳児院に入所している児童及び里親相互の交流の場を提供すること。児童養護施設、児童心理治療施設又は児童自立支援施設に入所している児童及び里親相互の交流の場を提供すること。
>
> (4) 第二十七条第一項第三号の規定による里親への委託に資するよう、里親の選定及び里親と児童との間の調整を行うこと。
>
> (5) 第二十七条第一項第三号の規定により里親に委託しようとする児童及びその保護者並びに里親の意見を聴いて、当該児童の養育の内容その他の厚生労働省令で定める事項について当該児童の養育に関する計画を作成すること。
>
> ト 養子縁組により養子となる児童、その父母及び当該養子となる児童の養親となる者及び当該養子となった児童、その養親となった者及び当該養子となった児童の父母（民法（明治二十九年法律第八十九号）第八百十七条の三第一項に規定する特別養子縁組により親族関係が終了した当該養子となった児童の実方の父母を含む。）その他の児童を養子とする養子縁組に関する者につき、その相談に応じ、必要な情報の提供、助言その他の援助を行うこと。
>
> 三 前二号に掲げるもののほか、児童及び妊産婦の福祉に関し、広域的な対応が必要な業務並びに家庭その他につき専門的な知識及び技術を必要とする支援を行うこと。
>
> ② 都道府県知事は、市町村の第十条第一項各号に掲げる業務の適切な実施を確保するため必要があると認めるときは、市町村に対し、必要な助言を行うことができる。
>
> ③ 都道府県知事は、第一項又は前項の規定による都道府県の事務の全部又は一部を、その管理に属する行政庁に委任することができる。
>
> ④ 都道府県知事は、第一項第三号トに掲げる業務（次項において「里親支援事業」という。）に係る事務の全部又は一部を厚生労働省令で定める者に委託することができる。
>
> ⑤ 前項の規定により行われる里親支援事業に係る事務に従事する者又は従事していた者は、その事務に関して知り得た秘密を漏らしてはならない。
>
> ⑥ （新設）
>
> ⑦ （新設）
>
> 第十二条 都道府県は、児童相談所を設置しなければならない。
>
> ② 児童相談所は、児童の福祉に関し、主として前条第一項第一号に掲げる業務（市町村職員の研修を除く。）並びに同項第二号（イを除く。）及び第三号に掲げる業務並びに障害者の日常生活及び社会生活を総合的に支援するための法律第二十二条第二項及び第三項並びに第二十六条第一項に規定する業務を行うものとする。
>
> ③ 都道府県は、児童相談所が前項に規定する業務のうち法律に関する専門的な知識経験を必要とするものを適切かつ円滑に行うことの重要性に鑑み、児童相談所における弁護士の配置又はこれに準ずる措置を行うものとする。

改正案（-5-）

> れて、乳児院に入所している児童及び里親相互の交流の場を提供すること。児童養護施設、児童心理治療施設又は児童自立支援施設に入所している児童及び里親相互の交流の場を提供すること。
>
> (4) 第二十七条第一項第三号の規定による里親への委託に資するよう、里親の選定及び里親と児童との間の調整を行うこと。
>
> (5) 第二十七条第一項第三号の規定により里親に委託しようとする児童及びその保護者並びに里親の意見を聴いて、当該児童の養育の内容その他の厚生労働省令で定める事項について当該児童の養育に関する計画を作成すること。
>
> ト 養子縁組により養子となる児童、その父母及び当該養子となる児童の養親となる者及び当該養子となった児童、その養親となった者及び当該養子となった児童の父母（民法（明治二十九年法律第八十九号）第八百十七条の三第一項に規定する特別養子縁組により親族関係が終了した当該養子となった児童の実方の父母を含む。）その他の児童を養子とする養子縁組に関する者につき、その相談に応じ、必要な情報の提供、助言その他の援助を行うこと。
>
> 三 前二号に掲げるもののほか、児童及び妊産婦の福祉に関し、広域的な対応が必要な業務並びに家庭その他につき専門的な知識及び技術を必要とする支援を行うこと。
>
> ② 都道府県知事は、市町村の第十条第一項各号に掲げる業務の適切な実施を確保するため必要があると認めるときは、市町村に対し、体制の整備その他の措置について必要な助言を行うことができる。
>
> ③ 都道府県知事は、第一項又は前項の規定による都道府県の事務の全部又は一部を、その管理に属する行政庁に委任することができる。
>
> ④ 都道府県知事は、第一項第三号トに掲げる業務（次項において「里親支援事業」という。）に係る事務の全部又は一部を厚生労働省令で定める者に委託することができる。
>
> ⑤ 前項の規定により行われる里親支援事業に係る事務に従事する者は、その事務に関して知り得た秘密を漏らしてはならない。
>
> ⑥ 都道府県は、この法律による事務を適切に行うために必要な体制の整備に努めるとともに、当該事務に従事する職員の人材の確保及び資質の向上のために必要な措置を講じなければならない。
>
> ⑦ 国は、都道府県における前項の体制の整備及び措置の実施に関し、必要な支援を行うよう努めなければならない。
>
> 第十二条 都道府県は、児童相談所を設置しなければならない。
>
> ② 児童相談所は、児童の福祉に関し、主として前条第一項第一号に掲げる業務（市町村職員の研修を除く。）並びに同項第二号（イを除く。）及び第三号に掲げる業務並びに障害者の日常生活及び社会生活を総合的に支援するための法律第二十二条第二項及び第三項並びに第二十六条第一項に規定する業務を行うものとする。
>
> ③ 都道府県は、児童相談所が前項に規定する業務のうち法律に関する専門的な知識経験を必要とするものを適切かつ円滑に行うことの重要性に鑑み、児童相談所における弁護士の配置又はこれに準ずる措置を行うものとする。

改正後	改正前
④ 児童相談所は、必要に応じ、巡回して、第二項に規定する業務(前条第一項第三号ホに掲げる業務を除く。)を行うことができる。	④ 児童相談所は、必要に応じ、巡回して、第二項に規定する業務(前条第一項第三号ホに掲げる業務を除く。)を行うことができる。
⑤ 児童相談所長は、その管轄区域内の社会福祉法に規定する福祉に関する事務所(以下「福祉事務所」という。)の長(以下「福祉事務所長」という。)に必要な調査を委嘱することができる。	⑤ 児童相談所長は、その管轄区域内の社会福祉法に規定する福祉に関する事務所(以下「福祉事務所」という。)の長(以下「福祉事務所長」という。)に必要な調査を委嘱することができる。
⑥ 都道府県知事は、第二項に規定する業務の質の評価を行うことその他必要な措置を講ずることにより、当該業務の質の向上に努めなければならない。	(新設)
⑦ 国は、前項の措置を援助するために、児童相談所の業務の質の適切な評価の実施に資するための措置を講ずるよう努めなければならない。	(新設)
第十二条の三 児童相談所の所長及び所員は、都道府県知事の補助機関である職員とする。	第十二条の三 児童相談所の所長及び所員は、都道府県知事の補助機関である職員とする。
② 所長は、次の各号のいずれかに該当する者でなければならない。	② 所長は、次の各号のいずれかに該当する者でなければならない。
一 医師であつて、精神保健に関して学識経験を有する者	一 医師であつて、精神保健に関して学識経験を有する者
二 学校教育法に基づく大学又は旧大学令(大正七年勅令第三百八十八号)に基づく大学において、心理学を専修する学科又はこれに相当する課程を修めて卒業した者(当該学科又は当該課程を修めて同法に基づく専門職大学の前期課程を修了した者を含む。)	二 学校教育法に基づく大学又は旧大学令(大正七年勅令第三百八十八号)に基づく大学において、心理学を専修する学科又はこれに相当する課程を修めて卒業した者(当該学科又は当該課程を修めて同法に基づく専門職大学の前期課程を修了した者を含む。)
三 社会福祉士	三 社会福祉士
四 精神保健福祉士	(新設)
五 公認心理師	(新設)
六 児童の福祉に関する事務をつかさどる職員(以下「児童福祉司」と	四 児童の福祉に関する事務をつかさどる職員(以下「児童福祉司」と

- 6 -

- 7 -

改正後	改正前
いう。)として二年以上勤務した者又は児童福祉司たる資格を得た後二年以上所員として勤務した者	いう。)として二年以上勤務した者又は児童福祉司たる資格を得た後二年以上所員として勤務した者
七 前各号に掲げる者と同等以上の能力を有すると認められる者であつて、厚生労働省令で定めるもの	五 前各号に掲げる者と同等以上の能力を有すると認められる者であつて、厚生労働省令で定めるもの
③ 所長は、厚生労働大臣が定める基準に適合する研修を受けなければならない。	③ 所長は、厚生労働大臣が定める基準に適合する研修を受けなければならない。
④ 相談及び調査をつかさどる所員は、児童福祉司たる資格を有する者でなければならない。	④ 相談及び調査をつかさどる所員は、児童福祉司たる資格を有する者でなければならない。
⑤ 判定をつかさどる所員の中には、第二項第一号に該当する者又はこれに準ずる資格を有する者及び同項第二号に該当する者若しくはこれに準ずる資格を有する者又は同項第五号に該当する者が、それぞれ一人以上含まれなければならない。	⑤ 判定をつかさどる所員の中には、第二項第一号に該当する者又はこれに準ずる資格を有する者及び同項第二号に該当する者若しくはこれに準ずる資格を有する者が、それぞれ一人以上含まれなければならない。
⑥ 指導をつかさどる所員の中には、次の各号に掲げる指導の区分に応じ、当該各号に定める者が含まれなければならない。	⑥ 指導をつかさどる所員の中には、次の各号に掲げる指導の区分に応じ、当該各号に定める者が含まれなければならない。
一 心理に関する専門的な知識及び技術を必要とする指導 第二項第一号に該当する者若しくはこれに準ずる資格を有する者又は同項第五号に該当する者	一 心理に関する専門的な知識及び技術を必要とする指導 第二項第一号に該当する者若しくはこれに準ずる資格を有する者又は同項第二号に該当する者
二 児童の健康及び心身の発達に関する専門的な知識及び技術を必要とする指導 医師又は保健師	二 児童の健康及び心身の発達に関する専門的な知識及び技術を必要とする指導 医師又は保健師
⑦ 前項第一号に規定する指導をつかさどる所員の数は、政令で定める基準を標準として都道府県が定めるものとする。	(新設)

第十三条　都道府県は、その設置する児童相談所に、児童福祉司を置かなければならない。

②　児童福祉司の数は、政令で定める基準を標準として都道府県が定めるものとする。

③　児童福祉司は、都道府県知事の補助機関である職員とし、次の各号のいずれかに該当する者のうちから、任用しなければならない。

一　都道府県知事の指定する児童福祉司若しくは児童福祉施設の職員を養成する学校その他の施設を卒業し、又は都道府県知事の指定する講習会の課程を修了した者

二　学校教育法に基づく大学又は旧大学令に基づく大学において、心理学、教育学若しくは社会学を専修する学科又はこれらに相当する課程を修めて卒業した者（当該学科又は当該課程を修めて同法に基づく専門職大学の前期課程を修了した者を含む。）であって、厚生労働省令で定める施設において一年以上児童その他の者の福祉に関する相談に応じ、助言、指導その他の援助を行う業務に従事したもの

三　医師

四　社会福祉士

（新設）

（新設）

五　社会福祉主事として二年以上児童福祉事業に従事した者であって、厚生労働大臣が定める講習会の課程を修了したもの

六　前各号に掲げる者と同等以上の能力を有すると認められる者であって、厚生労働省令で定めるもの

④　児童福祉司は、児童相談所長の命を受けて、児童の保護その他児童の福祉に関する事項について、相談に応じ、専門的技術に基づいて必要な指導を行う等児童の福祉増進に努める。

（新設）

⑤　他の児童福祉司が前項の職務を行うため必要な専門的技術に関する指導及び教育を行う児童福祉司は、児童福祉司としておおむね五年以上勤務した者でなければならない。

⑥　前項の指導及び教育を行う児童福祉司の数は、政令で定める基準を参酌して都道府県が定めるものとする。

⑦　児童福祉司は、児童相談所長が定める担当区域により、第四項の職務を行い、担当区域内の市町村長に協力を求めることができる。

⑧　児童福祉司は、厚生労働大臣が定める基準に適合する研修を受けなければならない。

⑨　第三項第一号の施設及び講習会の指定に関し必要な事項は、政令で定める。

第十三条　都道府県は、その設置する児童相談所に、児童福祉司を置かなければならない。

②　児童福祉司の数は、各児童相談所の管轄区域内の人口、児童虐待の防止等に関する法律（平成十二年法律第八十二号）第二条に規定する児童虐待（以下単に「児童虐待」という。）に係る相談に応じた件数、第二十七条第一項第三号の規定による里親への委託の状況及び市町村における児童福祉に関する事務の実施状況その他の条件を総合的に勘案して政令で定める基準を標準として都道府県が定めるものとする。

③　児童福祉司は、都道府県知事の補助機関である職員とし、次の各号のいずれかに該当する者のうちから、任用しなければならない。

一　都道府県知事の指定する児童福祉司若しくは児童福祉施設の職員を養成する学校その他の施設を卒業し、又は都道府県知事の指定する講習会の課程を修了した者

二　学校教育法に基づく大学又は旧大学令に基づく大学において、心理学、教育学若しくは社会学を専修する学科又はこれらに相当する課程を修めて卒業した者（当該学科又は当該課程を修めて同法に基づく専門職大学の前期課程を修了した者を含む。）であって、厚生労働省令で定める施設において一年以上児童その他の者の福祉に関する相談に応じ、助言、指導その他の援助を行う業務に従事したもの

三　医師

四　社会福祉士

五　精神保健福祉士

六　公認心理師

七　社会福祉主事として二年以上児童福祉事業に従事した者であって、厚生労働大臣が定める講習会の課程を修了したもの

八　前各号に掲げる者と同等以上の能力を有すると認められる者であって、厚生労働省令で定めるもの

④　児童福祉司は、児童相談所長の命を受けて、児童の保護その他児童の福祉に関する事項について、相談に応じ、専門的技術に基づいて必要な指導を行う等児童の福祉増進に努める。

⑤　児童福祉司の中には、他の児童福祉司が前項の職務を行うため必要な専門的技術に関する指導及び教育を行う児童福祉司（次項及び第七項において「指導教育担当児童福祉司」という。）が含まれなければならない。

⑥　指導教育担当児童福祉司は、児童福祉司としておおむね五年以上勤務した者でなければならない。

⑦　指導教育担当児童福祉司の数は、政令で定める基準を参酌して都道府県が定めるものとする。

⑧　児童福祉司は、児童相談所長が定める担当区域により、第四項の職務を行い、担当区域内の市町村長に協力を求めることができる。

⑨　児童福祉司は、厚生労働大臣が定める基準に適合する研修を受けなければならない。

⑩　第三項第一号の施設及び講習会の指定に関し必要な事項は、政令で定める。

【改正後】（右欄）

第二十一条の十の二　市町村は、児童の健全な育成に資するため、乳児家庭全戸訪問事業及び養育支援訪問事業を行うよう努めるとともに、乳児家庭全戸訪問事業により要支援児童等（特定妊婦を除く。）を把握したとき又は当該市町村の長が第二十六条第一項第三号の規定による送致若しくは同項第八号の規定による通知若しくは児童虐待の防止等に関する法律（平成十二年法律第八十二号）第八条第一項第二号の規定による送致若しくは同項第四号の規定による通知を受けたときは、養育支援訪問事業の実施その他の必要な支援を行うものとする。
②～④　（略）

第二十五条の三　協議会は、前条第一項に規定する情報の交換及び協議を行うため必要があると認めるときは、関係機関等に対し、資料又は情報の提供、意見の開陳その他必要な協力を求めることができる。
② 関係機関等は、前項の規定に基づき、協議会から資料又は情報の提供、意見の開陳その他必要な協力の求めがあった場合には、これに応ずるよう努めなければならない。

第三十三条の二　児童相談所長は、一時保護が行われた児童で親権を行う者又は未成年後見人のないものに対し、親権を行う者又は未成年後見人があるに至るまでの間、親権を行う。ただし、民法第七百九十七条の規定による縁組の承諾をするには、厚生労働省令の定めるところにより、都道府県知事の許可を得なければならない。
② 児童相談所長は、一時保護が行われた児童で親権を行う者又は未成年後見人のあるものについても、監護、教育及び懲戒に関し、その児童の福祉のため必要な措置を採ることができる。ただし、体罰を加えることはできない。
③ 前項の児童の親権を行う者又は未成年後見人は、同項の規定による措置を不当に妨げてはならない。
④ 第二項の規定による措置は、児童の生命又は身体の安全を確保するため緊急の必要があると認めるときは、その親権を行う者又は未成年後見人の意に反しても、これをとることができる。

第三十三条の十一　（略）
② 被措置児童等虐待を受けたと思われる児童を発見した者は、当該被措置児童等虐待を受けたと思われる児童が、児童虐待を受けたと思われる児童にも該当する場合において、前項の規定による通知をしたときは、同法第六条第一項の規定による通知をすることを要しない。
③～⑤　（略）

第三十四条の二十　本人又はその同居人が次の各号（同居人にあっては、第一号を除く。）のいずれかに該当する者は、養育里親及び養子縁組里親となることができない。
一～三　（略）
四　児童虐待の防止等に関する法律第二条に規定する児童虐待又は被措置児童等虐待を行った者その他児童の福祉に関し著しく不適当な行為をした者

【現行】（左欄）

第二十一条の十の二　市町村は、児童の健全な育成に資するため、乳児家庭全戸訪問事業及び養育支援訪問事業を行うよう努めるとともに、乳児家庭全戸訪問事業により要支援児童等（特定妊婦を除く。）を把握したとき又は当該市町村の長が第二十六条第一項第三号の規定による送致若しくは同項第八号の規定による通知若しくは児童虐待の防止等に関する法律第八条第一項第二号の規定による送致若しくは同項第四号の規定による通知を受けたときは、養育支援訪問事業の実施その他の必要な支援を行うものとする。
②～④　（略）

第二十五条の三　協議会は、前条第一項に規定する情報の交換及び協議を行うため必要があると認めるときは、関係機関等に対し、資料又は情報の提供、意見の開陳その他必要な協力を求めることができる。
（新設）

第三十三条の二　児童相談所長は、一時保護が行われた児童で親権を行う者又は未成年後見人のないものに対し、親権を行う者又は未成年後見人があるに至るまでの間、親権を行う。ただし、民法第七百九十七条の規定による縁組の承諾をするには、厚生労働省令の定めるところにより、都道府県知事の許可を得なければならない。
② 児童相談所長は、一時保護が行われた児童で親権を行う者又は未成年後見人のあるものについても、監護、教育及び懲戒に関し、その児童の福祉のため必要な措置を採ることができる。
③ 前項の児童の親権を行う者又は未成年後見人は、同項の規定による措置を不当に妨げてはならない。
④ 第二項の規定による措置は、児童の生命又は身体の安全を確保するため緊急の必要があると認めるときは、その親権を行う者又は未成年後見人の意に反しても、これをとることができる。

第三十三条の十一　（略）
② 被措置児童等虐待を受けたと思われる児童を発見した者は、当該被措置児童等虐待を受けたと思われる児童が、児童虐待を受けたと思われる児童にも該当する場合において、前項の規定による通知をしたときは、児童虐待の防止等に関する法律第六条第一項の規定による通知をすることを要しない。
③～⑤　（略）

第三十四条の二十　本人又はその同居人が次の各号（同居人にあっては、第一号を除く。）のいずれかに該当する者は、養育里親及び養子縁組里親となることができない。
一～三　（略）
四　児童虐待又は被措置児童等虐待を行った者その他児童の福祉に関し著しく不適当な行為をした者

12

① （略）

第四十七条　児童福祉施設の長は、入所中の児童等で親権を行う者又は未成年後見人のないものに対し、親権を行う者又は未成年後見人があるに至るまでの間、親権を行う。ただし、民法第七百九十七条の規定による縁組の承諾をするには、厚生労働省令の定めるところにより、都道府県知事の許可を得なければならない。

② 児童相談所長は、小規模住居型児童養育事業を行う者又は里親に委託中の児童等で親権を行う者又は未成年後見人のないものに対し、親権を行う者又は未成年後見人があるに至るまでの間、親権を行う。ただし、民法第七百九十七条の規定による縁組の承諾をするには、厚生労働省令の定めるところにより、都道府県知事の許可を得なければならない。

③ 児童福祉施設の長、その住居において養育を行う第六条の三第八項に規定する厚生労働省令で定める者又は里親は、入所中又は受託中の児童等で親権を行う者又は未成年後見人のあるものについても、監護、教育及び懲戒に関し、その児童等の福祉のため必要な措置をとることができる。

④ 前項の児童等の親権を行う者又は未成年後見人は、同項の規定による措置を不当に妨げてはならない。

⑤ 第三項の規定による措置は、児童等の生命又は身体の安全を確保するため緊急の必要があると認めるときは、その親権を行う者又は未成年後見人の意に反しても、これをとることができる。この場合において、児童福祉施設の長、小規模住居型児童養育事業を行う者又は里親は、速やかに、その採った措置について、当該児童等に係る通所給付決定若しくは第二十一条の六、第二十四条第五項若しくは第六項若しくは第二十七条第一項第三号の措置、助産の実施若しくは母子保護の実施又は当該児童に係る子ども・子育て支援法第二十条第四項に規定する支給認定を行った都道府県又は市町村の長に報告しなければならない。

② （略）

第四十七条　児童福祉施設の長は、入所中の児童等で親権を行う者又は未成年後見人のないものに対し、親権を行う者又は未成年後見人があるに至るまでの間、親権を行う。ただし、民法第七百九十七条の規定による縁組の承諾をするには、厚生労働省令の定めるところにより、都道府県知事の許可を得なければならない。

② 児童相談所長は、小規模住居型児童養育事業を行う者又は里親に委託中の児童等で親権を行う者又は未成年後見人のないものに対し、親権を行う者又は未成年後見人があるに至るまでの間、親権を行う。ただし、民法第七百九十七条の規定による縁組の承諾をするには、厚生労働省令の定めるところにより、都道府県知事の許可を得なければならない。

③ 児童福祉施設の長、その住居において養育を行う第六条の三第八項に規定する厚生労働省令で定める者又は里親は、入所中又は受託中の児童等で親権を行う者又は未成年後見人のあるものについても、監護、教育及び懲戒に関し、その児童等の福祉のため必要な措置をとることができる。ただし、体罰を加えることはできない。

④ 前項の児童等の親権を行う者又は未成年後見人は、同項の規定による措置を不当に妨げてはならない。

⑤ 第三項の規定による措置は、児童等の生命又は身体の安全を確保するため緊急の必要があると認めるときは、その親権を行う者又は未成年後見人の意に反しても、これをとることができる。この場合において、児童福祉施設の長、小規模住居型児童養育事業を行う者又は里親は、速やかに、そのとった措置について、当該児童等に係る通所給付決定若しくは第二十一条の六、第二十四条第五項若しくは第六項若しくは第二十七条第一項第三号の措置、助産の実施若しくは母子保護の実施又は当該児童に係る子ども・子育て支援法第二十条第四項に規定する支給認定を行った都道府県又は市町村の長に報告しなければならない。

○ 児童福祉法（昭和二十二年法律第百六十四号）（抄）（第一条関係）【令和四年四月一日・令和五年四月一日施行】

(傍線部分は改正部分)

改　　　正　　　案	現　　　行
第十二条　都道府県は、児童相談所を設置しなければならない。 ② 児童相談所の管轄区域は、地理的条件、人口、交通事情その他の社会的条件について政令で定める基準を参酌して都道府県が定めるものとする。 ③ 児童相談所は、児童の福祉に関し、主として前条第一項第一号に掲げる業務（市町村職員の研修を除く。）並びに同項第二号（イを除く。）及び第三号に掲げる業務並びに障害者の日常生活及び社会生活を総合的に支援するための法律第二十二条第二項及び第三項並びに第二十六条第一項に規定する業務を行うものとする。 ④ 都道府県は、児童相談所が前項に規定する業務のうち第二十八条第一項各号に掲げる措置を採ることに係るものその他の法律に関する専門的な知識経験を必要とするものについて、常時弁護士による助言又は指導の下で適切かつ円滑に行うため、児童相談所における弁護士の配置又はこれに準ずる措置を行うものとする。 ⑤ 児童相談所は、必要に応じ、巡回して、第三項に規定する業務（前条第一項第一号ホに掲げる業務を除く。）を行うことができる。 ⑥ 児童相談所長は、その管轄区域内の社会福祉法に規定する福祉に関する事務所（以下「福祉事務所」という。）の長（以下「福祉事務所長」	第十二条　都道府県は、児童相談所を設置しなければならない。 （新設） ② 児童相談所は、児童の福祉に関し、主として前条第一項第一号に掲げる業務（市町村職員の研修を除く。）並びに同項第二号（イを除く。）及び第三号に掲げる業務並びに障害者の日常生活及び社会生活を総合的に支援するための法律第二十二条第二項及び第三項並びに第二十六条第一項に規定する業務を行うものとする。 ③ 都道府県は、児童相談所が前項に規定する業務のうち法律に関する専門的な知識経験を必要とするものを適切かつ円滑に行うことの重要性に鑑み、児童相談所における弁護士の配置又はこれに準ずる措置を行うものとする。 ④ 児童相談所は、必要に応じ、巡回して、第二項に規定する業務（前条第一項第一号ホに掲げる業務を除く。）を行うことができる。 ⑤ 児童相談所長は、その管轄区域内の社会福祉法に規定する福祉に関する事務所（以下「福祉事務所」という。）の長（以下「福祉事務所長」
という。）に必要な調査を委嘱することができる。 ⑦ 都道府県知事は、第三項に規定する業務の質の評価を行うことその他の必要な措置を講ずることにより、当該業務の質の向上に努めなければならない。 ⑧ 国は、前項の措置を援助するために、児童相談所の業務の質の適切な評価の実施に資するための措置を講ずるよう努めなければならない。 第十二条の三　児童相談所の所長及び所員は、都道府県知事の補助機関である職員とする。 ② 所長は、次の各号のいずれかに該当する者でなければならない。 一 医師であつて、精神保健に関して学識経験を有する者 二 学校教育法に基づく大学又は旧大学令（大正七年勅令第三百八十八号）に基づく大学において、心理学を専修する学科又はこれに相当する課程を修めて卒業した者（当該学科又は当該課程を修めて同法に基づく専門職大学の前期課程を修了した者を含む。） 三 社会福祉士 四 精神保健福祉士 五 公認心理師 六 児童の福祉に関する事務をつかさどる職員（以下「児童福祉司」という。）として二年以上勤務した者又は児童福祉司たる資格を得た後二年以上所員として勤務した者 七 前各号に掲げる者と同等以上の能力を有すると認められる者であつて、厚生労働省令で定めるもの	という。）に必要な調査を委嘱することができる。 ⑥ 都道府県知事は、第二項に規定する業務の質の評価を行うことその他の必要な措置を講ずることにより、当該業務の質の向上に努めなければならない。 ⑦ 国は、前項の措置を援助するために、児童相談所の業務の質の適切な評価の実施に資するための措置を講ずるよう努めなければならない。 第十二条の三　児童相談所の所長及び所員は、都道府県知事の補助機関である職員とする。 ② 所長は、次の各号のいずれかに該当する者でなければならない。 一 医師であつて、精神保健に関して学識経験を有する者 二 学校教育法に基づく大学又は旧大学令（大正七年勅令第三百八十八号）に基づく大学において、心理学を専修する学科又はこれに相当する課程を修めて卒業した者（当該学科又は当該課程を修めて同法に基づく専門職大学の前期課程を修了した者を含む。） 三 社会福祉士 四 精神保健福祉士 五 公認心理師 六 児童の福祉に関する事務をつかさどる職員（以下「児童福祉司」という。）として二年以上勤務した者又は児童福祉司たる資格を得た後二年以上所員として勤務した者 七 前各号に掲げる者と同等以上の能力を有すると認められる者であつて、厚生労働省令で定めるもの

③　所長は、厚生労働大臣が定める基準に適合する研修を受けなければならない。

④　相談及び調査をつかさどる所員は、児童福祉司たる資格を有する者でなければならない。

⑤　判定をつかさどる所員の中には、第三項第一号に該当する者又はこれに準ずる資格を有する者及び同項第二号に該当する者若しくはこれに準ずる資格を有する者又は同項第五号に該当する者が、それぞれ一人以上含まれなければならない。

⑥　指導をつかさどる所員の中には、次の各号に掲げる指導の区分に応じ、当該各号に定める者が含まれなければならない。

一　心理に関する専門的な知識及び技術を必要とする指導　第三項第一号に該当する者若しくはこれに準ずる資格を有する者、同項第二号に該当する者若しくはこれに準ずる資格を有する者又は同項第五号に該当する者

二　児童の健康及び心身の発達に関する専門的な知識及び技術を必要とする指導　医師又は保健師

⑦　前項第一号に規定する指導をつかさどる所員の数は、政令で定める基準を標準として都道府県が定めるものとする。

(新設)

---

③　所長は、厚生労働大臣が定める基準に適合する研修を受けなければならない。

④　相談及び調査をつかさどる所員は、児童福祉司たる資格を有する者でなければならない。

⑤　判定をつかさどる所員の中には、第三項第一号に該当する者又はこれに準ずる資格を有する者及び同項第二号に該当する者若しくはこれに準ずる資格を有する者又は同項第五号に該当する者が、それぞれ一人以上含まれなければならない。

⑥　心理に関する専門的な知識及び技術を必要とする指導をつかさどる所員の中には、第三項第一号に該当する者若しくはこれに準ずる資格を有する者、同項第二号に該当する者若しくはこれに準ずる資格を有する者又は同項第五号に該当する者が含まれなければならない。

(削る)

(削る)

⑦　前項に規定する指導をつかさどる所員の数は、政令で定める基準を標準として都道府県が定めるものとする。

⑧　児童の健康及び心身の発達に関する専門的な知識及び技術を必要とする指導をつかさどる所員の中には、医師及び保健師が、それぞれ一人以上含まれなければならない。

第十二条の五　この法律で定めるもののほか、児童相談所に関し必要な事項は、命令でこれを定める。

第十三条　都道府県は、その設置する児童相談所に、児童福祉司を置かなければならない。

②　児童福祉司の数は、各児童相談所の管轄区域内の人口、児童虐待の防止等に関する法律（平成十二年法律第八十二号）第二条に規定する児童虐待（以下単に「児童虐待」という。）に係る相談に応じた件数、第二十七条第一項第三号の規定による里親への委託の状況及び市町村におけるこの法律による事務の実施状況その他の条件を総合的に勘案して政令で定める基準を標準として都道府県が定めるものとする。

③　児童福祉司は、都道府県知事の補助機関である職員とし、次の各号のいずれかに該当する者のうちから、任用しなければならない。

一　都道府県知事の指定する児童福祉司若しくは児童福祉施設の職員を養成する学校その他の施設を卒業し、又は都道府県知事の指定する講習会の課程を修了した者

二　学校教育法に基づく大学又は旧大学令に基づく大学において、心理学、教育学若しくは社会学を専修する学科又はこれらに相当する課程を修めて卒業した者（当該学科又は当該課程を修めて同法に基づく専門職大学の前期課程を修了した者を含む。）であつて、厚生労働省令で定める施設において一年以上児童その他の者の福祉に関する相談に

第十二条の五　この法律で定めるもののほか、児童相談所の管轄区域その他児童相談所に関し必要な事項は、命令でこれを定める。

第十三条　都道府県は、その設置する児童相談所に、児童福祉司を置かなければならない。

②　児童福祉司の数は、各児童相談所の管轄区域内の人口、児童虐待の防止等に関する法律（平成十二年法律第八十二号）第二条に規定する児童虐待（以下単に「児童虐待」という。）に係る相談に応じた件数、第二十七条第一項第三号の規定による里親への委託の状況及び市町村におけるこの法律による事務の実施状況その他の条件を総合的に勘案して政令で定める基準を標準として都道府県が定めるものとする。

③　児童福祉司は、都道府県知事の補助機関である職員とし、次の各号のいずれかに該当する者のうちから、任用しなければならない。

一　都道府県知事の指定する児童福祉司若しくは児童福祉施設の職員を養成する学校その他の施設を卒業し、又は都道府県知事の指定する講習会の課程を修了した者

二　学校教育法に基づく大学又は旧大学令に基づく大学において、心理学、教育学若しくは社会学を専修する学科又はこれらに相当する課程を修めて卒業した者（当該学科又は当該課程を修めて同法に基づく専門職大学の前期課程を修了した者を含む。）であつて、厚生労働省令で定める施設において一年以上児童その他の者の福祉に関する相談に

132

に関する相談に応じ、助言、指導その他の援助を行う業務をいう。第七号において同じ。）に従事したもの	応じ、助言、指導その他の援助を行う業務に従事したもの
三 医師	三 医師
四 社会福祉士	四 社会福祉士
五 精神保健福祉士	五 精神保健福祉士
六 公認心理師	六 公認心理師
七 社会福祉主事として二年以上相談援助業務に従事した者であって、厚生労働大臣が定める講習会の課程を修了したもの	七 社会福祉主事として二年以上児童福祉事業に従事した者であって、厚生労働大臣が定める講習会の課程を修了したもの
八 前各号に掲げる者と同等以上の能力を有すると認められる者であって、厚生労働省令で定めるもの	八 前各号に掲げる者と同等以上の能力を有すると認められる者であって、厚生労働省令で定めるもの
④ 児童福祉司は、児童相談所長の命を受けて、児童の保護その他児童の福祉に関する事項について、相談に応じ、専門的技術に基づいて必要な指導を行う等児童の福祉増進に努める。	④ 児童福祉司は、児童相談所長の命を受けて、児童の保護その他児童の福祉に関する事項について、相談に応じ、専門的技術に基づいて必要な指導を行う等児童の福祉増進に努める。
⑤ 児童福祉司の中には、他の児童福祉司が前項の職務を行うため必要な専門的技術に関する指導及び教育を行う児童福祉司（次項及び第七項において「指導教育担当児童福祉司」という。）が含まれなければならない。	⑤ 児童福祉司の中には、他の児童福祉司が前項の職務を行うため必要な専門的技術に関する指導及び教育を行う児童福祉司（次項及び第七項において「指導教育担当児童福祉司」という。）が含まれなければならない。
⑥ 指導教育担当児童福祉司は、児童福祉司としておおむね五年以上勤務した者であって、厚生労働大臣が定める基準に適合する研修の課程を修了したものでなければならない。	⑥ 指導教育担当児童福祉司は、児童福祉司としておおむね五年以上勤務した者でなければならない。
⑦ 指導教育担当児童福祉司の数は、政令で定める基準を参酌して都道府県が定めるものとする。	⑦ 指導教育担当児童福祉司の数は、政令で定める基準を参酌して都道府県が定めるものとする。
⑧ 児童福祉司は、児童相談所長が定める担当区域により、第四項の職務	⑧ 児童福祉司は、児童相談所長が定める担当区域により、第四項の職務

を行い、担当区域内の市町村長に協力を求めることができる。	を行い、担当区域内の市町村長に協力を求めることができる。
⑨ 児童福祉司は、厚生労働大臣が定める基準に適合する研修を受けなければならない。	⑨ 児童福祉司は、厚生労働大臣が定める基準に適合する研修を受けなければならない。
⑩ 第三項第一号の施設及び講習会の指定に関し必要な事項は、政令で定める。	⑩ 第三項第一号の施設及び講習会の指定に関し必要な事項は、政令で定める。

○ 児童虐待の防止等に関する法律（平成十二年法律第八十二号）（抄）（第三条関係）【令和二年四月一日施行】

（傍線部分は改正部分）

改 正 案	現 行
（国及び地方公共団体の責務等） 第四条　国及び地方公共団体は、児童虐待の予防及び早期発見、迅速かつ適切な児童虐待を受けた児童の保護及び自立の支援（児童虐待を受けた後十八歳となった者に対する自立の支援を含む。第三項及び次条第一項において同じ。）並びに児童虐待を行った保護者に対する親子の再統合の促進への配慮その他の児童虐待を受けた児童が家庭（家庭における養育環境と同様の養育環境及び良好な家庭的環境を含む。）で生活するために必要な配慮をした適切な指導及び支援を行うため、関係省庁相互間又は関係地方公共団体相互間、市町村、児童相談所、福祉事務所、配偶者からの暴力の防止及び被害者の保護等に関する法律（平成十三年法律第三十一号）第三条第一項に規定する配偶者暴力相談支援センター（次条第一項において単に「配偶者暴力相談支援センター」という。）、学校及び医療機関の間その他関係機関及び民間団体の間の連携の強化、民間団体の支援、医療の提供体制の整備その他児童虐待の防止等のために必要な体制の整備に努めなければならない。 2～5　（略） 6　児童相談所の所長は、児童虐待を受けた児童が住所又は居所を当該児童相談所の管轄区域外に移転する場合においては、当該児童の家庭環境	（国及び地方公共団体の責務等） 第四条　国及び地方公共団体は、児童虐待の予防及び早期発見、迅速かつ適切な児童虐待を受けた児童の保護及び自立の支援（児童虐待を受けた後十八歳となった者に対する自立の支援を含む。第三項及び次条第一項において同じ。）並びに児童虐待を行った保護者に対する親子の再統合の促進への配慮その他の児童虐待を受けた児童が家庭（家庭における養育環境と同様の養育環境及び良好な家庭的環境を含む。）で生活するために必要な配慮をした適切な指導及び支援を行うため、その他関係機関及び民間団体の間の連携の強化、民間団体の支援、医療の提供体制の整備その他児童虐待の防止等のために必要な体制の整備に努めなければならない。 2～5　（略） （新設）
その他の環境の変化による影響に鑑み、当該児童及び当該児童虐待を行った保護者について、その移転の前後において指導、助言その他の必要な支援が切れ目なく行われるよう、移転先の住所又は居所を管轄する児童相談所の所長に対し、速やかに必要な情報の提供を行うものとする。この場合において、当該情報の提供を受けた児童相談所の所長は、児童福祉法（昭和二十二年法律第百六十四号）第二十五条の二第一項に規定する要保護児童対策地域協議会が速やかに当該情報の交換を行うことができるための措置その他の連携を図るために必要な措置を講ずるものとする。 7・8　（略）	6・7　（略）
（児童虐待の早期発見等） 第五条　学校、児童福祉施設、病院、都道府県警察、婦人相談所、教育委員会、配偶者暴力相談支援センターその他児童の福祉に業務上関係のある団体及び学校の教職員、児童福祉施設の職員、医師、歯科医師、保健師、助産師、看護師、弁護士、警察官、婦人相談員その他児童の福祉に職務上関係のある者は、児童虐待を発見しやすい立場にあることを自覚し、児童虐待の早期発見に努めなければならない。 2　前項に規定する者は、児童虐待の予防その他の児童虐待の防止並びに児童虐待を受けた児童の保護及び自立の支援に関する国及び地方公共団体の施策に協力するよう努めなければならない。 3　第一項に規定する者は、正当な理由がなく、その職務に関して知り得た児童虐待を受けたと思われる児童に関する秘密を漏らしてはならない。	（児童虐待の早期発見等） 第五条　学校、児童福祉施設、病院その他児童の福祉に業務上関係のある団体及び学校の教職員、児童福祉施設の職員、医師、歯科医師、保健師、助産師、看護師その他児童の福祉に職務上関係のある者は、児童虐待を発見しやすい立場にあることを自覚し、児童虐待の早期発見に努めなければならない。 2　前項に規定する者は、児童虐待の予防その他の児童虐待の防止並びに児童虐待を受けた児童の保護及び自立の支援に関する国及び地方公共団体の施策に協力するよう努めなければならない。 （新設）

【新】

4 前項の規定その他の守秘義務に関する法律の規定は、第二項の規定による国及び地方公共団体の施策に協力するよう努める義務の遵守を妨げるものと解釈してはならない。

5 学校及び児童福祉施設は、児童及び保護者に対して、児童虐待の防止のための教育又は啓発に努めなければならない。

(児童虐待に係る通告)
第六条 (略)
2 前項の規定による通告は、児童福祉法第二十五条第一項の規定による通告とみなして、同法の規定を適用する。

3 (略)

(児童虐待を行った保護者に対する指導等)
第十一条 都道府県知事又は児童相談所長は、児童虐待を行った保護者について児童福祉法第二十七条第一項第二号又は第二十六条第一項第二号の規定により指導を行う場合は、当該保護者について児童虐待の再発を防止するため、医学的又は心理学的知見に基づく指導を行うよう努めるものとする。

2 児童虐待を行った保護者について児童福祉法第二十七条第一項第二号の規定により行われる指導は、親子の再統合への配慮その他の児童虐待を受けた児童が家庭(家庭における養育環境と同様の養育環境及び良好な家庭的環境を含む。)で生活するために必要な配慮の下に適切に行われなければならない。

3 児童虐待を行った保護者について児童福祉法第二十七条第一項第二号の措置が採られた場合においては、当該保護者は、同号の指導を受けなければならない。

4 前項の場合において保護者が同項の指導を受けないときは、都道府県知事は、当該保護者に対し、同項の指導を受けるよう勧告することができる。

5 都道府県知事は、前項の規定による勧告を受けた保護者が当該勧告に従わない場合において必要があると認めるときは、児童福祉法第三十三条第二項の規定により児童相談所長をして児童虐待を受けた児童の一時保護を行わせ、又は適当な者に当該一時保護を行うことを委託させ、同法第二十七条第一項第三号又は第二十八条第一項の規定による措置を採る等の必要な措置を講ずるものとする。

6 児童相談所長は、前項の規定による勧告を受けた保護者が当該勧告に従わず、その監護する児童に対し親権を行わせることが著しく当該児童の福祉を害する場合には、必要に応じて、適切に、児童福祉法第三十三条の七の規定による請求を行うものとする。

7 都道府県は、保護者への指導(第二項の指導及び児童虐待を行った保護者に対する児童福祉法第十一条第一項第二号ニの規定による指導をいう。以下この項において同じ。)を効果的に行うため、同法第十三条第五項に規定する指導教育担当児童福祉司が保護者への指導を行う者に対する専門的技術に関する指導及び教育

【旧】

(新設)

3 学校及び児童福祉施設は、児童及び保護者に対して、児童虐待の防止のための教育又は啓発に努めなければならない。

(児童虐待に係る通告)
第六条 (略)
2 前項の規定による通告は、児童福祉法(昭和二十二年法律第百六十四号)第二十五条第一項の規定による通告とみなして、同法の規定を適用する。

3 (略)

(児童虐待を行った保護者に対する指導等)
第十一条 (新設)

1 児童虐待を行った保護者について児童福祉法第二十七条第一項第二号の規定により行われる指導は、親子の再統合への配慮その他の児童虐待を受けた児童が家庭(家庭における養育環境と同様の養育環境及び良好な家庭的環境を含む。)で生活するために必要な配慮の下に適切に行われなければならない。

2 児童虐待を行った保護者について児童福祉法第二十七条第一項第二号の措置が採られた場合においては、当該保護者は、同号の指導を受けなければならない。

3 前項の場合において保護者が同項の指導を受けないときは、都道府県知事は、当該保護者に対し、同項の指導を受けるよう勧告することができる。

4 都道府県知事は、前項の規定による勧告を受けた保護者が当該勧告に従わない場合において必要があると認めるときは、児童福祉法第三十三条第二項の規定により児童相談所長をして児童虐待を受けた児童の一時保護を行わせ、又は適当な者に当該一時保護を行うことを委託させ、同法第二十七条第一項第三号又は第二十八条第一項の規定による措置を採る等の必要な措置を講ずるものとする。

5 児童相談所長は、前項の規定による勧告を受けた保護者が当該勧告に従わず、その監護する児童に対し親権を行わせることが著しく当該児童の福祉を害する場合には、必要に応じて、適切に、児童福祉法第三十三条の七の規定による請求を行うものとする。

(新設)

育を行わせるとともに、第八条の二第一項の規定による立入り及び調査若しくは質問、同条第二項の規定による調査若しくは質問、同法第三十三条第一項若しくは第二項の規定による児童の一時保護を行った児童福祉司以外の者に当該児童に係る保護者への指導を行わせること、その他の必要な措置を講じなければならない。

（施設入所等の措置の解除等）

第十三条　都道府県知事は、児童虐待を受けた児童について施設入所等の措置が採られ、及び当該児童の保護者について児童福祉法第二十七条第一項第二号の措置が採られた場合において、当該児童について採られた施設入所等の措置を解除しようとするときは、当該児童の保護者について同号の指導を行うこととされた児童福祉司等の意見を聴くとともに、当該児童に対し再び児童虐待が行われることを予防するため採られる措置について見込まれる効果その他厚生労働省令で定める事項を勘案しなければならない。

2　都道府県知事は、児童虐待を受けた児童について施設入所等の措置が採られ、又は児童福祉法第三十三条第二項の規定による一時保護が行われた場合において、当該児童について採られた施設入所等の措置又は行わ

統合の促進その他の児童虐待を受けた児童が家庭で生活することを支援するために必要な助言を行うことができる。

3　都道府県知事は、前項の助言に係る事務の全部又は一部を厚生労働省令で定める者に委託することができる。

4　前項の規定により行われる助言に係る事務に従事する者又は従事していた者は、正当な理由がなく、その事務に関して知り得た秘密を漏らしてはならない。

（親権の行使に関する配慮等）

第十四条　児童の親権を行う者は、児童のしつけに際して、その他民法（明治三十九年法律第八十九号）第八百二十条の規定による監護及び教育に必要な範囲を超える行為により当該児童を懲戒してはならず、当該児童の親権の適切な行使に配慮しなければならない。

2　児童の親権を行う者は、児童虐待に係る暴行罪、傷害罪その他の犯罪について、当該児童の親権を行う者であることを理由として、その責めを免れることはない。

（延長者等の特例）

第十六条　児童福祉法第三十一条第四項に規定する延長者（以下この条において「延長者」という。）、延長者の親権を行う者、未成年後見人その他の者で、延長者を現に監護するもの（以下この項において「延長監護者」という。）及び延長者の監護者がその監護する延長者について行う次に掲げる行為（以下この項において「延長者虐待」という。）に

育を行わせるとともに、第九条の二第一項の規定による調査若しくは質問、第九条の三第一項の規定による同条第三項の規定による立入り及び臨検若しくは捜索又は同条第一項の規定による調査若しくは質問、同法第三十三条第一項の規定による児童の一時保護を行った児童福祉司以外の者に

（施設入所等の措置の解除等）

第十三条　都道府県知事は、児童虐待を受けた児童について施設入所等の措置が採られ、及び当該児童の保護者について児童福祉法第二十七条第一項第三号の措置が採られた場合において、当該児童について採られた施設入所等の措置を解除しようとするときは、当該児童の保護者について同号の指導を行うこととされた児童福祉司等の意見を聴くとともに、当該児童に対し再び児童虐待が行われることを予防するため採られる措置について見込まれる効果その他厚生労働省令で定める事項を勘案しなければならない。

2　都道府県知事は、児童虐待を受けた児童について施設入所等の措置が採られ、又は児童福祉法第三十三条第一項の規定による一時保護が行わ

統合の促進その他の児童虐待を受けた児童が家庭で生活することを支援するために必要な助言を行うことができる。

3　都道府県知事は、前項の助言に係る事務の全部又は一部を厚生労働省令で定める者に委託することができる。

4　前項の規定により行われる助言に係る事務に従事する者又は従事していた者は、その事務に関して知り得た秘密を漏らしてはならない。

（親権の行使に関する配慮等）

第十四条　児童の親権を行う者は、児童のしつけに際して、民法（明治二十九年法律第八十九号）第八百二十条の規定による監護及び教育に必要な範囲を超えて当該児童を懲戒してはならず、当該児童の親権の適切な行使に配慮しなければならない。

2　児童の親権を行う者は、児童虐待に係る暴行罪、傷害罪その他の犯罪について、当該児童の親権を行う者であることを理由として、その責めを免れることはない。

（延長者等の特例）

第十六条　児童福祉法第三十一条第四項に規定する延長者（以下この条において「延長者」という。）、延長者の親権を行う者、未成年後見人その他の者で、延長者を現に監護するもの（以下この項において「延長監護者」という。）及び延長者の監護者がその監護する延長者について行う次に掲げる行為（以下この項において「延長者虐待」という。）に

改正案	現行
について、延長者を児童と、延長者の監護者を保護者と、延長者虐待を児童虐待と、同法第三十一条第一項から第四項までの規定による措置を同法第二十七条第一項第一号から第三号まで又は第二項の規定による措置とみなして、第十一条第一項から前項まで及び第六項、第十二条の四並びに第十三条第一項の規定を適用する。 一～四　（略） 2　延長者又は児童福祉法第三十三条第十項に規定する保護延長者（以下この項において「延長者等」という。）、延長者等の親権を行う者、未成年後見人その他の者で、延長者等を現に監護する者（以下この項において「延長者等の監護者」という。）及び延長者等の監護者がその監護する延長者について行う次に掲げる行為（以下この項において「延長者等虐待」という。）については、延長者等を児童と、延長者等の監護者を保護者と、延長者等虐待を児童虐待と、同法第三十一条第一項から第四項までの規定による措置を同法第二十七条第一項第一号から第三号まで又は第二項の規定による措置と、同法第三十三条第八項から第十一項までの規定による一時保護とみなして、第十一条第一項から第四項まで、第十二条の二、第十二条の四及び第十三条の三から第十三条の五までの規定を適用する。 一～四　（略）	について、延長者を児童と、延長者の監護者を保護者と、延長者虐待を児童虐待と、同法第三十一条第一項から第四項までの規定による措置を同法第二十七条第一項第一号から第三号まで又は第二項の規定による措置とみなして、第十一条第一項から前項まで及び第五項、第十二条の四並びに第十三条第一項の規定を適用する。 一～四　（略） 2　延長者又は児童福祉法第三十三条第十項に規定する保護延長者（以下この項において「延長者等」という。）、延長者等の親権を行う者、未成年後見人その他の者で、延長者等を現に監護する者（以下この項において「延長者等の監護者」という。）及び延長者等の監護者がその監護する延長者について行う次に掲げる行為（以下この項において「延長者等虐待」という。）については、延長者等を児童と、延長者等の監護者を保護者と、延長者等虐待を児童虐待と、同法第三十一条第一項から第四項までの規定による措置を同法第二十七条第一項第一号から第三号まで又は第二項の規定による措置と、同法第三十三条第八項から第十一項までの規定による一時保護とみなして、第十一条第一項から第四項まで、第十二条の二、第十二条の四及び第十三条の三から第十三条の五までの規定を適用する。 一～四　（略）

○　配偶者からの暴力の防止及び被害者の保護等に関する法律（平成十三年法律第三十一号）（抄）（第四条関係）【令和二年四月一日施行】

（傍線部分は改正部分）

改　正　案	現　行
（配偶者暴力相談支援センター） 第三条　都道府県は、当該都道府県が設置する婦人相談所その他の適切な施設において、当該各施設が配偶者暴力相談支援センターとしての機能を果たすようにするものとする。 2　市町村は、当該市町村が設置する適切な施設において、当該各施設が配偶者暴力相談支援センターとしての機能を果たすようにするよう努めるものとする。 3　配偶者暴力相談支援センターは、配偶者からの暴力の防止及び被害者の保護のため、次に掲げる業務を行うものとする。 一　被害者に関する各般の問題について、相談に応ずること又は婦人相談員若しくは相談を行う機関を紹介すること。 二　被害者の心身の健康を回復させるため、医学的又は心理学的な指導その他の必要な指導を行うこと。 三　被害者（被害者がその家族を同伴する場合にあっては、被害者及びその同伴する家族。次号、第六号、第五号、第八条の三及び第九条において同じ。）の緊急時における安全の確保及び一時保護を行うこと。 四　被害者が自立して生活することを促進するため、就業の促進、住宅の	（配偶者暴力相談支援センター） 第三条　都道府県は、当該都道府県が設置する婦人相談所その他の適切な施設において、当該各施設が配偶者暴力相談支援センターとしての機能を果たすようにするものとする。 2　市町村は、当該市町村が設置する適切な施設において、当該各施設が配偶者暴力相談支援センターとしての機能を果たすようにするよう努めるものとする。 3　配偶者暴力相談支援センターは、配偶者からの暴力の防止及び被害者の保護のため、次に掲げる業務を行うものとする。 一　被害者に関する各般の問題について、相談に応ずること又は婦人相談員若しくは相談を行う機関を紹介すること。 二　被害者の心身の健康を回復させるため、医学的又は心理学的な指導その他の必要な指導を行うこと。 三　被害者（被害者がその家族を同伴する場合にあっては、被害者及びその同伴する家族。次号、第六号、第五号及び第八条の三において同じ。）の緊急時における安全の確保及び一時保護を行うこと。 四　被害者が自立して生活することを促進するため、就業の促進、住宅の

改正案	現行
の確保、援護等に関する制度の利用等について、情報の提供、助言、関係機関との連絡調整その他の援助を行うこと。 五 第四章に定める保護命令の制度の利用について、情報の提供、助言、関係機関への連絡その他の援助を行うこと。 六 被害者を居住させ保護する施設の利用について、情報の提供、助言、関係機関との連絡調整その他の援助を行うこと。 4 前項第三号の一時保護は、婦人相談所が、自ら行い、又は厚生労働大臣が定める基準を満たす者に委託して行うものとする。 5 配偶者暴力相談支援センターは、その業務を行うに当たっては、必要に応じ、配偶者からの暴力の防止及び被害者の保護を図るための活動を行う民間の団体との連携に努めるものとする。 （被害者の保護のための関係機関の連携協力） 第九条 配偶者暴力相談支援センター、都道府県警察、福祉事務所、児童相談所その他の都道府県又は市町村の関係機関その他の関係機関は、被害者の保護を行うに当たっては、その適切な保護が行われるよう、相互に連携を図りながら協力するよう努めるものとする。	の確保、援護等に関する制度の利用等について、情報の提供、助言、関係機関との連絡調整その他の援助を行うこと。 五 第四章に定める保護命令の制度の利用について、情報の提供、助言、関係機関への連絡その他の援助を行うこと。 六 被害者を居住させ保護する施設の利用について、情報の提供、助言、関係機関との連絡調整その他の援助を行うこと。 4 前項第三号の一時保護は、婦人相談所が、自ら行い、又は厚生労働大臣が定める基準を満たす者に委託して行うものとする。 5 配偶者暴力相談支援センターは、その業務を行うに当たっては、必要に応じ、配偶者からの暴力の防止及び被害者の保護を図るための活動を行う民間の団体との連携に努めるものとする。 （被害者の保護のための関係機関の連携協力） 第九条 配偶者暴力相談支援センター、都道府県警察、福祉事務所、児童相談所その他の都道府県又は市町村の関係機関その他の関係機関は、被害者の保護を行うに当たっては、その適切な保護が行われるよう、相互に連携を図りながら協力するよう努めるものとする。

28

○ 少年法（昭和二十三年法律第百六十八号）（抄）（附則第九条関係）【令和○年四月一日施行】

（傍線部分は改正部分）

改正案	現行
（援助、協力） 第十六条 家庭裁判所は、調査及び観察のため、警察官、保護観察官、保護司、児童福祉司（児童福祉法第十三条の三第一項第六号に規定する児童福祉司をいう。第二十六条第一項において同じ。）又は児童委員に対して、必要な援助をさせることができる。 2 家庭裁判所は、その職務を行うについて、公務所、公私の団体、学校、病院その他に対して、必要な協力を求めることができる。	（援助、協力） 第十六条 家庭裁判所は、調査及び観察のため、警察官、保護観察官、保護司、児童福祉司（児童福祉法第十三条の三第一項第四号に規定する児童福祉司をいう。第二十六条第一項において同じ。）又は児童委員に対して、必要な援助をさせることができる。 2 家庭裁判所は、その職務を行うについて、公務所、公私の団体、学校、病院その他に対して、必要な協力を求めることができる。

●児童の権利に関する条約　全文

外務省 HP　http://www.mofa.go.jp./mofaj/gaiko/jido/zenbun.html

前文

　この条約の締約国は、

　国際連合憲章において宣明された原則によれば、人類社会の
すべての構成員の固有の尊厳及び平等のかつ奪い得ない権利を認めることが世界における自由、正義及び平
和の基礎を成すものであることを考慮し、

　国際連合加盟国の国民が、国際連合憲章において、基本的人権並びに人間の尊厳及び価値に関する信念を
改めて確認し、かつ、一層大きな自由の中で社会的進歩及び生活水準の向上を促進することを決意したこと
に留意し、

　国際連合が、世界人権宣言及び人権に関する国際規約において、すべての人は人種、皮膚の色、性、言語、
宗教、政治的意見その他の意見、国民的若しくは社会的出身、財産、出生又は他の地位等によるいかなる差
別もなしに同宣言及び同規約に掲げるすべての権利及び自由を享有することができることを宣明し及び合意
したことを認め、

　国際連合が、世界人権宣言において、児童は特別な保護及び援助についての権利を享有することができる
ことを宣明したことを想起し、

　家族が、社会の基礎的な集団として、並びに家族のすべての構成員、特に、児童の成長及び福祉のための
自然な環境として、社会においてその責任を十分に引き受けることができるよう必要な保護及び援助を与え
られるべきであることを確信し、

　児童が、その人格の完全なかつ調和のとれた発達のため、家庭環境の下で幸福、愛情及び理解のある雰囲
気の中で成長すべきであることを認め、

　児童が、社会において個人として生活するため十分な準備が整えられるべきであり、かつ、国際連合憲章
において宣明された理想の精神並びに特に平和、尊厳、寛容、自由、平等及び連帯の精神に従って育てられ
るべきであることを考慮し、

　児童に対して特別な保護を与えることの必要性が、1924 年の児童の権利に関するジュネーヴ宣言及び
1959 年 11 月 20 日に国際連合総会で採択された児童の権利に関する宣言において述べられており、また、
世界人権宣言、市民的及び政治的権利に関する国際規約（特に第 23 条及び第 24 条）、経済的、社会的及び
文化的権利に関する国際規約（特に第 10 条）並びに児童の福祉に関係する専門機関及び国際機関の規程及び
関係文書において認められていることに留意し、

　児童の権利に関する宣言において示されているとおり「児童は、身体的及び精神的に未熟であるため、そ
の出生の前後において、適当な法的保護を含む特別な保護及び世話を必要とする。」ことに留意し、

　国内の又は国際的な里親委託及び養子縁組を特に考慮した児童の保護及び福祉についての社会的及び法的
な原則に関する宣言、少年司法の運用のための国際連合最低基準規則（北京規則）及び緊急事態及び武力紛
争における女子及び児童の保護に関する宣言の規定を想起し、

　極めて困難な条件の下で生活している児童が世界のすべての国に存在すること、また、このような児童が
特別の配慮を必要としていることを認め、

　児童の保護及び調和のとれた発達のために各人民の伝統及び文化的価値が有する重要性を十分に考慮し、

　あらゆる国特に開発途上国における児童の生活条件を改善するために国際協力が重要であることを認めて、

　次のとおり協定した。

第1部
第1条
　この条約の適用上、児童とは、18歳未満のすべての者をいう。ただし、当該児童で、その者に適用される法律によりより早く成年に達したものを除く。

第2条
1　締約国は、その管轄の下にある児童に対し、児童又はその父母若しくは法定保護者の人種、皮膚の色、性、言語、宗教、政治的意見その他の意見、国民的、種族的若しくは社会的出身、財産、心身障害、出生又は他の地位にかかわらず、いかなる差別もなしにこの条約に定める権利を尊重し、及び確保する。
2　締約国は、児童がその父母、法定保護者又は家族の構成員の地位、活動、表明した意見又は信念によるあらゆる形態の差別又は処罰から保護されることを確保するためのすべての適当な措置をとる。

第3条
1　児童に関するすべての措置をとるに当たっては、公的若しくは私的な社会福祉施設、裁判所、行政当局又は立法機関のいずれによって行われるものであっても、児童の最善の利益が主として考慮されるものとする。
2　締約国は、児童の父母、法定保護者又は児童について法的に責任を有する他の者の権利及び義務を考慮に入れて、児童の福祉に必要な保護及び養護を確保することを約束し、このため、すべての適当な立法上及び行政上の措置をとる。
3　締約国は、児童の養護又は保護のための施設、役務の提供及び設備が、特に安全及び健康の分野に関し並びにこれらの職員の数及び適格性並びに適正な監督に関し権限のある当局の設定した基準に適合することを確保する。

第4条
　締約国は、この条約において認められる権利の実現のため、すべての適当な立法措置、行政措置その他の措置を講ずる。締約国は、経済的、社会的及び文化的権利に関しては、自国における利用可能な手段の最大限の範囲内で、また、必要な場合には国際協力の枠内で、これらの措置を講ずる。

第5条
　締約国は、児童がこの条約において認められる権利を行使するに当たり、父母若しくは場合により地方の慣習により定められている大家族若しくは共同体の構成員、法定保護者又は児童について法的に責任を有する他の者がその児童の発達しつつある能力に適合する方法で適当な指示及び指導を与える責任、権利及び義務を尊重する。

第6条
1　締約国は、すべての児童が生命に対する固有の権利を有することを認める。
2　締約国は、児童の生存及び発達を可能な最大限の範囲において確保する。

第7条
1　児童は、出生の後直ちに登録される。児童は、出生の時から氏名を有する権利及び国籍を取得する権利を有するものとし、また、できる限りその父母を知りかつその父母によって養育される権利を有する。
2　締約国は、特に児童が無国籍となる場合を含めて、国内法及びこの分野における関連する国際文書に基づく自国の義務に従い、1の権利の実現を確保する。

第8条

1　締約国は、児童が法律によって認められた国籍、氏名及び家族関係を含むその身元関係事項について不法に干渉されることなく保持する権利を尊重することを約束する。

2　締約国は、児童がその身元関係事項の一部又は全部を不法に奪われた場合には、その身元関係事項を速やかに回復するため、適当な援助及び保護を与える。

第9条

1　締約国は、児童がその父母の意思に反してその父母から分離されないことを確保する。ただし、権限のある当局が司法の審査に従うことを条件として適用のある法律及び手続に従いその分離が児童の最善の利益のために必要であると決定する場合は、この限りでない。このような決定は、父母が児童を虐待し若しくは放置する場合又は父母が別居しており児童の居住地を決定しなければならない場合のような特定の場合において必要となることがある。

2　すべての関係当事者は、1の規定に基づくいかなる手続においても、その手続に参加しかつ自己の意見を述べる機会を有する。

3　締約国は、児童の最善の利益に反する場合を除くほか、父母の一方又は双方から分離されている児童が定期的に父母のいずれとも人的な関係及び直接の接触を維持する権利を尊重する。

4　3の分離が、締約国がとった父母の一方若しくは双方又は児童の抑留、拘禁、追放、退去強制、死亡（その者が当該締約国により身体を拘束されている間に何らかの理由により生じた死亡を含む。）等のいずれかの措置に基づく場合には、当該締約国は、要請に応じ、父母、児童又は適当な場合には家族の他の構成員に対し、家族のうち不在となっている者の所在に関する重要な情報を提供する。ただし、その情報の提供が児童の福祉を害する場合は、この限りでない。締約国は、更に、その要請の提出自体が関係者に悪影響を及ぼさないことを確保する。

第10条

1　前条1の規定に基づく締約国の義務に従い、家族の再統合を目的とする児童又はその父母による締約国への入国又は締約国からの出国の申請については、締約国が積極的、人道的かつ迅速な方法で取り扱う。締約国は、更に、その申請の提出が申請者及びその家族の構成員に悪影響を及ぼさないことを確保する。

2　父母と異なる国に居住する児童は、例外的な事情がある場合を除くほか定期的に父母との人的な関係及び直接の接触を維持する権利を有する。このため、前条1の規定に基づく締約国の義務に従い、締約国は、児童及びその父母がいずれの国（自国を含む。）からも出国し、かつ、自国に入国する権利を尊重する。出国する権利は、法律で定められ、国の安全、公の秩序、公衆の健康若しくは道徳又は他の者の権利及び自由を保護するために必要であり、かつ、この条約において認められる他の権利と両立する制限にのみ従う。

第11条

1　締約国は、児童が不法に国外へ移送されることを防止し及び国外から帰還することができない事態を除去するための措置を講ずる。

2　このため、締約国は、二国間若しくは多数国間の協定の締結又は現行の協定への加入を促進する。

第12条

1　締約国は、自己の意見を形成する能力のある児童がその児童に影響を及ぼすすべての事項について自由に自己の意見を表明する権利を確保する。この場合において、児童の意見は、その児童の年齢及び成熟度に従って相応に考慮されるものとする。

2　このため、児童は、特に、自己に影響を及ぼすあらゆる司法上及び行政上の手続において、国内法の手続

規則に合致する方法により直接に又は代理人若しくは適当な団体を通じて聴取される機会を与えられる。

第13条
1　児童は、表現の自由についての権利を有する。この権利には、口頭、手書き若しくは印刷、芸術の形態又は自ら選択する他の方法により、国境とのかかわりなく、あらゆる種類の情報及び考えを求め、受け及び伝える自由を含む。
2　1の権利の行使については、一定の制限を課することができる。ただし、その制限は、法律によって定められ、かつ、次の目的のために必要とされるものに限る。
　(a) 他の者の権利又は信用の尊重
　(b) 国の安全、公の秩序又は公衆の健康若しくは道徳の保護

第14条
1　締約国は、思想、良心及び宗教の自由についての児童の権利を尊重する。
2　締約国は、児童が1の権利を行使するに当たり、父母及び場合により法定保護者が児童に対しその発達しつつある能力に適合する方法で指示を与える権利及び義務を尊重する。
3　宗教又は信念を表明する自由については、法律で定める制限であって公共の安全、公の秩序、公衆の健康若しくは道徳又は他の者の基本的な権利及び自由を保護するために必要なもののみを課することができる。

第15条
1　締約国は、結社の自由及び平和的な集会の自由についての児童の権利を認める。
2　1の権利の行使については、法律で定める制限であって国の安全若しくは公共の安全、公の秩序、公衆の健康若しくは道徳の保護又は他の者の権利及び自由の保護のため民主的社会において必要なもの以外のいかなる制限も課することができない。

第16条
1　いかなる児童も、その私生活、家族、住居若しくは通信に対して恣意的に若しくは不法に干渉され又は名誉及び信用を不法に攻撃されない。
2　児童は、1の干渉又は攻撃に対する法律の保護を受ける権利を有する。

第17条
　締約国は、大衆媒体（マス・メディア）の果たす重要な機能を認め、児童が国の内外の多様な情報源からの情報及び資料、特に児童の社会面、精神面及び道徳面の福祉並びに心身の健康の促進を目的とした情報及び資料を利用することができることを確保する。このため、締約国は、
　(a) 児童にとって社会面及び文化面において有益であり、かつ、第29条の精神に沿う情報及び資料を大衆媒体（マス・メディア）が普及させるよう奨励する。
　(b) 国の内外の多様な情報源（文化的にも多様な情報源を含む。）からの情報及び資料の作成、交換及び普及における国際協力を奨励する。
　(c) 児童用書籍の作成及び普及を奨励する。
　(d) 少数集団に属し又は原住民である児童の言語上の必要性について大衆媒体（マス・メディア）が特に考慮するよう奨励する。
　(e) 第13条及び次条の規定に留意して、児童の福祉に有害な情報及び資料から児童を保護するための適当な指針を発展させることを奨励する。

第18条

1 締約国は、児童の養育及び発達について父母が共同の責任を有するという原則についての認識を確保するために最善の努力を払う。父母又は場合により法定保護者は、児童の養育及び発達についての第一義的な責任を有する。児童の最善の利益は、これらの者の基本的な関心事項となるものとする。

2 締約国は、この条約に定める権利を保障し及び促進するため、父母及び法定保護者が児童の養育についての責任を遂行するに当たりこれらの者に対して適当な援助を与えるものとし、また、児童の養護のための施設、設備及び役務の提供の発展を確保する。

3 締約国は、父母が働いている児童が利用する資格を有する児童の養護のための役務の提供及び設備からその児童が便益を受ける権利を有することを確保するためのすべての適当な措置をとる。

第19条

1 締約国は、児童が父母、法定保護者又は児童を監護する他の者による監護を受けている間において、あらゆる形態の身体的若しくは精神的な暴力、傷害若しくは虐待、放置若しくは怠慢な取扱い、不当な取扱い又は搾取（性的虐待を含む。）からその児童を保護するためすべての適当な立法上、行政上、社会上及び教育上の措置をとる。

2 1の保護措置には、適当な場合には、児童及び児童を監護する者のために必要な援助を与える社会的計画の作成その他の形態による防止のための効果的な手続並びに1に定める児童の不当な取扱いの事件の発見、報告、付託、調査、処置及び事後措置並びに適当な場合には司法の関与に関する効果的な手続を含むものとする。

第20条

1 一時的若しくは恒久的にその家庭環境を奪われた児童又は児童自身の最善の利益にかんがみその家庭環境にとどまることが認められない児童は、国が与える特別の保護及び援助を受ける権利を有する。

2 締約国は、自国の国内法に従い、1の児童のための代替的な監護を確保する。

3 2の監護には、特に、里親委託、イスラム法のカファーラ、養子縁組又は必要な場合には児童の監護のための適当な施設への収容を含むことができる。解決策の検討に当たっては、児童の養育において継続性が望ましいこと並びに児童の種族的、宗教的、文化的及び言語的な背景について、十分な考慮を払うものとする。

第21条

養子縁組の制度を認め又は許容している締約国は、児童の最善の利益について最大の考慮が払われることを確保するものとし、また、

(a) 児童の養子縁組が権限のある当局によってのみ認められることを確保する。この場合において、当該権限のある当局は、適用のある法律及び手続に従い、かつ、信頼し得るすべての関連情報に基づき、養子縁組が父母、親族及び法定保護者に関する児童の状況にかんがみ許容されること並びに必要な場合には、関係者が所要のカウンセリングに基づき養子縁組について事情を知らされた上での同意を与えていることを認定する。

(b) 児童がその出身国内において里親若しくは養家に託され又は適切な方法で監護を受けることができない場合には、これに代わる児童の監護の手段として国際的な養子縁組を考慮することができることを認める。

(c) 国際的な養子縁組が行われる児童が国内における養子縁組の場合における保護及び基準と同等のものを享受することを確保する。

(d) 国際的な養子縁組において当該養子縁組が関係者に不当な金銭上の利得をもたらすことがないことを確保するための すべての適当な措置をとる。

(e) 適当な場合には、二国間又は多数国間の取極又は協定を締結することによりこの条の目的を促進し、及びこの枠組みの範囲内で他国における児童の養子縁組が権限のある当局又は機関によって行われることを確保するよう努める。

第22条

1 締約国は、難民の地位を求めている児童又は適用のある国際法及び国際的な手続若しくは国内法及び国内的な手続に基づき難民と認められている児童が、父母又は他の者に付き添われているかいないかを問わず、この条約及び自国が締約国となっている人権又は人道に関する他の国際文書に定める権利であって適用のあるものの享受に当たり、適当な保護及び人道的援助を受けることを確保するための適当な措置をとる。

2 このため、締約国は、適当と認める場合には、1の児童を保護し及び援助するため、並びに難民の児童の家族との再統合に必要な情報を得ることを目的としてその難民の児童の父母又は家族の他の構成員を捜すため、国際連合及びこれと協力する他の権限のある政府間機関又は関係非政府機関による努力に協力する。その難民の児童は、父母又は家族の他の構成員が発見されない場合には、何らかの理由により恒久的又は一時的にその家庭環境を奪われた他の児童と同様にこの条約に定める保護が与えられる。

第23条

1 締約国は、精神的又は身体的な障害を有する児童が、その尊厳を確保し、自立を促進し及び社会への積極的な参加を容易にする条件の下で十分かつ相応な生活を享受すべきであることを認める。

2 締約国は、障害を有する児童が特別の養護についての権利を有することを認めるものとし、利用可能な手段の下で、申込みに応じた、かつ、当該児童の状況及び父母又は当該児童を養護している他の者の事情に適した援助を、これを受ける資格を有する児童及びこのような児童の養護について責任を有する者に与えることを奨励し、かつ、確保する。

3 障害を有する児童の特別な必要を認めて、2の規定に従って与えられる援助は、父母又は当該児童を養護している他の者の資力を考慮して可能な限り無償で与えられるものとし、かつ、障害を有する児童が可能な限り社会への統合及び個人の発達（文化的及び精神的な発達を含む。）を達成することに資する方法で当該児童が教育、訓練、保健サービス、リハビリテーション・サービス、雇用のための準備及びレクリエーションの機会を実質的に利用し及び享受することができるように行われるものとする。

4 締約国は、国際協力の精神により、予防的な保健並びに障害を有する児童の医学的、心理学的及び機能的治療の分野における適当な情報の交換（リハビリテーション、教育及び職業サービスの方法に関する情報の普及及び利用を含む。）であってこれらの分野における自国の能力及び技術を向上させ並びに自国の経験を広げることができるようにすることを目的とするものを促進する。これに関しては、特に、開発途上国の必要を考慮する。

第24条

1 締約国は、到達可能な最高水準の健康を享受すること並びに病気の治療及び健康の回復のための便宜を与えられることについての児童の権利を認める。締約国は、いかなる児童もこのような保健サービスを利用する権利が奪われないことを確保するために努力する。

2 締約国は、1の権利の完全な実現を追求するものとし、特に、次のことのための適当な措置をとる。

(a) 幼児及び児童の死亡率を低下させること。

(b) 基礎的な保健の発展に重点を置いて必要な医療及び保健をすべての児童に提供することを確保すること。

(c) 環境汚染の危険を考慮に入れて、基礎的な保健の枠組みの範囲内で行われることを含めて、特に容易に利用可能な技術の適用により並びに十分に栄養のある食物及び清潔な飲料水の供給を通じて、疾病及び栄養不良と闘うこと。

(d) 母親のための産前産後の適当な保健を確保すること。

(e) 社会のすべての構成員特に父母及び児童が、児童の健康及び栄養、母乳による育児の利点、衛生（環境衛生を含む。）並びに事故の防止についての基礎的な知識に関して、情報を提供され、教育を受ける機会を有し及びその知識の使用について支援されることを確保すること。

(f) 予防的な保健、父母のための指導並びに家族計画に関する教育及びサービスを発展させること。

3　締約国は、児童の健康を害するような伝統的な慣行を廃止するため、効果的かつ適当なすべての措置をとる。

4　締約国は、この条において認められる権利の完全な実現を漸進的に達成するため、国際協力を促進し及び奨励することを約束する。これに関しては、特に、開発途上国の必要を考慮する。

第25条

締約国は、児童の身体又は精神の養護、保護又は治療を目的として権限のある当局によって収容された児童に対する処遇及びその収容に関連する他のすべての状況に関する定期的な審査が行われることについての児童の権利を認める。

第26条

1　締約国は、すべての児童が社会保険その他の社会保障からの給付を受ける権利を認めるものとし、自国の国内法に従い、この権利の完全な実現を達成するための必要な措置をとる。

2　1の給付は、適当な場合には、児童及びその扶養について責任を有する者の資力及び事情並びに児童によって又は児童に代わって行われる給付の申請に関する他のすべての事項を考慮して、与えられるものとする。

第27条

1　締約国は、児童の身体的、精神的、道徳的及び社会的な発達のための相当な生活水準についてのすべての児童の権利を認める。

2　父母又は児童について責任を有する他の者は、自己の能力及び資力の範囲内で、児童の発達に必要な生活条件を確保することについての第一義的な責任を有する。

3　締約国は、国内事情に従い、かつ、その能力の範囲内で、1の権利の実現のため、父母及び児童について責任を有する他の者を援助するための適当な措置をとるものとし、また、必要な場合には、特に栄養、衣類及び住居に関して、物的援助及び支援計画を提供する。

4　締約国は、父母又は児童について金銭上の責任を有する他の者から、児童の扶養料を自国内で及び外国から、回収することを確保するためのすべての適当な措置をとる。特に、児童について金銭上の責任を有する者が児童と異なる国に居住している場合には、締約国は、国際協定への加入又は国際協定の締結及び他の適当な取決めの作成を促進する。

第28条

1　締約国は、教育についての児童の権利を認めるものとし、この権利を漸進的にかつ機会の平等を基礎として達成するため、特に、

(a) 初等教育を義務的なものとし、すべての者に対して無償のものとする。

(b) 種々の形態の中等教育（一般教育及び職業教育を含む。）の発展を奨励し、すべての児童に対し、これらの中等教育が利用可能であり、かつ、これらを利用する機会が与えられるものとし、例えば、無償教

育の導入、必要な場合における財政的援助の提供のような適当な措置をとる。

(c) すべての適当な方法により、能力に応じ、すべての者に対して高等教育を利用する機会が与えられるものとする。

(d) すべての児童に対し、教育及び職業に関する情報及び指導が利用可能であり、かつ、これらを利用する機会が与えられるものとする。

(e) 定期的な登校及び中途退学率の減少を奨励するための措置をとる。

2　締約国は、学校の規律が児童の人間の尊厳に適合する方法で及びこの条約に従って運用されることを確保するためのすべての適当な措置をとる。

3　締約国は、特に全世界における無知及び非識字の廃絶に寄与し並びに科学上及び技術上の知識並びに最新の教育方法の利用を容易にするため、教育に関する事項についての国際協力を促進し、及び奨励する。これに関しては、特に、開発途上国の必要を考慮する。

第29条

1　締約国は、児童の教育が次のことを指向すべきことに同意する。

(a) 児童の人格、才能並びに精神的及び身体的な能力をその可能な最大限度まで発達させること。

(b) 人権及び基本的自由並びに国際連合憲章にうたう原則の尊重を育成すること。

(c) 児童の父母、児童の文化的同一性、言語及び価値観、児童の居住国及び出身国の国民的価値観並びに自己の文明と異なる文明に対する尊重を育成すること。

(d) すべての人民の間の、種族的、国民的及び宗教的集団の間の並びに原住民である者の理解、平和、寛容、両性の平等及び友好の精神に従い、自由な社会における責任ある生活のために児童に準備させること。

(e) 自然環境の尊重を育成すること。

2　この条又は前条のいかなる規定も、個人及び団体が教育機関を設置し及び管理する自由を妨げるものと解してはならない。ただし、常に、1に定める原則が遵守されること及び当該教育機関において行われる教育が国によって定められる最低限度の基準に適合することを条件とする。

第30条

種族的、宗教的若しくは言語的少数民族又は原住民である者が存在する国において、当該少数民族に属し又は原住民である児童は、その集団の他の構成員とともに自己の文化を享有し、自己の宗教を信仰しかつ実践し又は自己の言語を使用する権利を否定されない。

第31条

1　締約国は、休息及び余暇についての児童の権利並びに児童がその年齢に適した遊び及びレクリエーションの活動を行い並びに文化的な生活及び芸術に自由に参加する権利を認める。

2　締約国は、児童が文化的及び芸術的な生活に十分に参加する権利を尊重しかつ促進するものとし、文化的及び芸術的な活動並びにレクリエーション及び余暇の活動のための適当かつ平等な機会の提供を奨励する。

第32条

1　締約国は、児童が経済的な搾取から保護され及び危険となり若しくは児童の教育の妨げとなり又は児童の健康若しくは身体的、精神的、道徳的若しくは社会的な発達に有害となるおそれのある労働への従事から保護される権利を認める。

2　締約国は、この条の規定の実施を確保するための立法上、行政上、社会上及び教育上の措置をとる。このため、締約国は、他の国際文書の関連規定を考慮して、特に、

(a) 雇用が認められるための1又は2以上の最低年齢を定める。

(b) 労働時間及び労働条件についての適当な規則を定める。

(c) この条の規定の効果的な実施を確保するための適当な罰則その他の制裁を定める。

第33条

締約国は、関連する国際条約に定義された麻薬及び向精神薬の不正な使用から児童を保護し並びにこれらの物質の不正な生産及び取引における児童の使用を防止するための立法上、行政上、社会上及び教育上の措置を含むすべての適当な措置をとる。

第34条

締約国は、あらゆる形態の性的搾取及び性的虐待から児童を保護することを約束する。このため、締約国は、特に、次のことを防止するためのすべての適当な国内、二国間及び多数国間の措置をとる。

(a) 不法な性的な行為を行うことを児童に対して勧誘し又は強制すること。

(b) 売春又は他の不法な性的な業務において児童を搾取的に使用すること。

(c) わいせつな演技及び物において児童を搾取的に使用すること。

第35条

締約国は、あらゆる目的のための又はあらゆる形態の児童の誘拐、売買又は取引を防止するためのすべての適当な国内、二国間及び多数国間の措置をとる。

第36条

締約国は、いずれかの面において児童の福祉を害する他のすべての形態の搾取から児童を保護する。

第37条

締約国は、次のことを確保する。

(a) いかなる児童も、拷問又は他の残虐な、非人道的な若しくは品位を傷つける取扱い若しくは刑罰を受けないこと。死刑又は釈放の可能性がない終身刑は、十八歳未満の者が行った犯罪について科さないこと。

(b) いかなる児童も、不法に又は恣意的にその自由を奪われないこと。児童の逮捕、抑留又は拘禁は、法律に従って行うものとし、最後の解決手段として最も短い適当な期間のみ用いること。

(c) 自由を奪われたすべての児童は、人道的に、人間の固有の尊厳を尊重して、かつ、その年齢の者の必要を考慮した方法で取り扱われること。特に、自由を奪われたすべての児童は、成人とは分離されないことがその最善の利益であると認められない限り成人とは分離されるものとし、例外的な事情がある場合を除くほか、通信及び訪問を通じてその家族との接触を維持する権利を有すること。

(d) 自由を奪われたすべての児童は、弁護人その他適当な援助を行う者と速やかに接触する権利を有し、裁判所その他の権限のある、独立の、かつ、公平な当局においてその自由の剥奪の合法性を争い並びにこれについての決定を速やかに受ける権利を有すること。

第38条

1 締約国は、武力紛争において自国に適用される国際人道法の規定で児童に関係を有するものを尊重し及びこれらの規定の尊重を確保することを約束する。

2 締約国は、15歳未満の者が敵対行為に直接参加しないことを確保するためのすべての実行可能な措置をとる。

3 締約国は、15歳未満の者を自国の軍隊に採用することを差し控えるものとし、また、15歳以上18歳未満の者の中から採用するに当たっては、最年長者を優先させるよう努める。

4　締約国は、武力紛争において文民を保護するための国際人道法に基づく自国の義務に従い、武力紛争の影響を受ける児童の保護及び養護を確保するためのすべての実行可能な措置をとる。

第39条

　締約国は、あらゆる形態の放置、搾取若しくは虐待、拷問若しくは他のあらゆる形態の残虐な、非人道的な若しくは品位を傷つける取扱い若しくは刑罰又は武力紛争による被害者である児童の身体的及び心理的な回復及び社会復帰を促進するためのすべての適当な措置をとる。このような回復及び復帰は、児童の健康、自尊心及び尊厳を育成する環境において行われる。

第40条

1　締約国は、刑法を犯したと申し立てられ、訴追され又は認定されたすべての児童が尊厳及び価値についての当該児童の意識を促進させるような方法であって、当該児童が他の者の人権及び基本的自由を尊重することを強化し、かつ、当該児童の年齢を考慮し、更に、当該児童が社会に復帰し及び社会において建設的な役割を担うことがなるべく促進されることを配慮した方法により取り扱われる権利を認める。

2　このため、締約国は、国際文書の関連する規定を考慮して、特に次のことを確保する。

　　(a) いかなる児童も、実行の時に国内法又は国際法により禁じられていなかった作為又は不作為を理由として刑法を犯したと申し立てられ、訴追され又は認定されないこと。

　　(b) 刑法を犯したと申し立てられ又は訴追されたすべての児童は、少なくとも次の保障を受けること。

　　　(i) 法律に基づいて有罪とされるまでは無罪と推定されること。

　　　(ii) 速やかにかつ直接に、また、適当な場合には当該児童の父母又は法定保護 者を通じてその罪を告げられること並びに防御の準備及び申立てにおいて弁 護人その他適当な援助を行う者を持つこと。

　　　(iii) 事案が権限のある、独立の、かつ、公平な当局又は司法機関により法律に基づく公正な審理において、弁護人その他適当な援助を行う者の立会い及び、特に当該児童の年齢又は境遇を考慮して児童の最善の利益にならないと認められる場合を除くほか、当該児童の父母又は法定保護者の立会いの下に遅滞なく決定されること。

　　　(iv) 供述又は有罪の自白を強要されないこと。不利な証人を尋問し又はこれに対し尋問させること並びに対等の条件で自己のための証人の出席及びこれに対する尋問を求めること。

　　　(v) 刑法を犯したと認められた場合には、その認定及びその結果科せられた措置について、法律に基づき、上級の、権限のある、独立の、かつ、公平な当局又は司法機関によって再審理されること。

　　　(vi) 使用される言語を理解すること又は話すことができない場合には、無料で通訳の援助を受けること。

　　　(vii) 手続のすべての段階において当該児童の私生活が十分に尊重されること。

3　締約国は、刑法を犯したと申し立てられ、訴追され又は認定された児童に特別に適用される法律及び手続の制定並びに当局及び施設の設置を促進するよう努めるものとし、特に、次のことを行う。

　　(a) その年齢未満の児童は刑法を犯す能力を有しないと推定される最低年齢を設定すること。

　　(b) 適当かつ望ましい場合には、人権及び法的保護が十分に尊重されていることを条件として、司法上の手続に訴えることなく当該児童を取り扱う措置をとること。

4　児童がその福祉に適合し、かつ、その事情及び犯罪の双方に応じた方法で取り扱われることを確保するため、保護、指導及び監督命令、カウンセリング、保護観察、里親委託、教育及び職業訓練計画、施設における養護に代わる他の措置等の種々の処置が利用し得るものとする。

第41条

　この条約のいかなる規定も、次のものに含まれる規定であって児童の権利の実現に一層貢献するものに影

響を及ぼすものではない。
　（a）締約国の法律
　（b）締約国について効力を有する国際法

第2部
第42条
　締約国は、適当かつ積極的な方法でこの条約の原則及び規定を成人及び児童のいずれにも広く知らせることを約束する。

第43条
1　この条約において負う義務の履行の達成に関する締約国による進捗の状況を審査するため、児童の権利に関する委員会（以下「委員会」という。）を設置する。委員会は、この部に定める任務を行う。
2　委員会は、徳望が高く、かつ、この条約が対象とする分野において能力を認められた10人の専門家で構成する。委員会の委員は、締約国の国民の中から締約国により選出されるものとし、個人の資格で職務を遂行する。その選出に当たっては、衡平な地理的配分及び主要な法体系を考慮に入れる。
（※1995年12月21日、「10人」を「18人」に改める改正が採択され、2002年11月18日に同改正は発効した。）
3　委員会の委員は、締約国により指名された者の名簿の中から秘密投票により選出される。各締約国は、自国民の中から一人を指名することができる。
4　委員会の委員の最初の選挙は、この条約の効力発生の日の後6箇月以内に行うものとし、その後の選挙は、2年ごとに行う。国際連合事務総長は、委員会の委員の選挙の日の遅くとも4箇月前までに、締約国に対し、自国が指名する者の氏名を2箇月以内に提出するよう書簡で要請する。その後、同事務総長は、指名された者のアルファベット順による名簿（これらの者を指名した締約国名を表示した名簿とする。）を作成し、この条約の締約国に送付する。
5　委員会の委員の選挙は、国際連合事務総長により国際連合本部に招集される締約国の会合において行う。これらの会合は、締約国の3分の2をもって定足数とする。これらの会合においては、出席しかつ投票する締約国の代表によって投じられた票の最多数で、かつ、過半数の票を得た者をもって委員会に選出された委員とする。
6　委員会の委員は、4年の任期で選出される。委員は、再指名された場合には、再選される資格を有する。最初の選挙において選出された委員のうち5人の委員の任期は、2年で終了するものとし、これらの5人の委員は、最初の選挙の後直ちに、最初の選挙が行われた締約国の会合の議長によりくじ引で選ばれる。
7　委員会の委員が死亡し、辞任し又は他の理由のため委員会の職務を遂行することができなくなったことを宣言した場合には、当該委員を指名した締約国は、委員会の承認を条件として自国民の中から残余の期間職務を遂行する他の専門家を任命する。
8　委員会は、手続規則を定める。
9　委員会は、役員を2年の任期で選出する。
10　委員会の会合は、原則として、国際連合本部又は委員会が決定する他の適当な場所において開催する。委員会は、原則として毎年1回会合する。委員会の会合の期間は、国際連合総会の承認を条件としてこの条約の締約国の会合において決定し、必要な場合には、再検討する。
11　国際連合事務総長は、委員会がこの条約に定める任務を効果的に遂行するために必要な職員及び便益を提供する。
12　この条約に基づいて設置する委員会の委員は、国際連合総会が決定する条件に従い、同総会の承認を得て、国際連合の財源から報酬を受ける。

第 44 条

1 締約国は、(a) 当該締約国についてこの条約が効力を生ずる時から 2 年以内に、(b) その後は 5 年ごとに、この条約において認められる権利の実現のためにとった措置及びこれらの権利の享受についてもたらされた進歩に関する報告を国際連合事務総長を通じて委員会に提出することを約束する。

2 この条の規定により行われる報告には、この条約に基づく義務の履行の程度に影響を及ぼす要因及び障害が存在する場合には、これらの要因及び障害を記載する。当該報告には、また、委員会が当該国における条約の実施について包括的に理解するために十分な情報を含める。

3 委員会に対して包括的な最初の報告を提出した締約国は、1 (b) の規定に従って提出するその後の報告においては、既に提供した基本的な情報を繰り返す必要はない。

4 委員会は、この条約の実施に関連する追加の情報を締約国に要請することができる。

5 委員会は、その活動に関する報告を経済社会理事会を通じて 2 年ごとに国際連合総会に提出する。

6 締約国は、1 の報告を自国において公衆が広く利用できるようにする。

第 45 条

この条約の効果的な実施を促進し及びこの条約が対象とする分野における国際協力を奨励するため、

(a) 専門機関及び国際連合児童基金その他の国際連合の機関は、その任務の範囲内にある事項に関するこの条約の規定の実施についての検討に際し、代表を出す権利を有する。委員会は、適当と認める場合には、専門機関及び国際連合児童基金その他の権限のある機関に対し、これらの機関の任務の範囲内にある事項に関するこの条約の実施について専門家の助言を提供するよう要請することができる。委員会は、専門機関及び国際連合児童基金その他の国際連合の機関に対し、これらの機関の任務の範囲内にある事項に関するこの条約の実施について報告を提出するよう要請することができる。

(b) 委員会は、適当と認める場合には、技術的な助言若しくは援助の要請を含んでおり又はこれらの必要性を記載している締約国からのすべての報告を、これらの要請又は必要性の記載に関する委員会の見解及び提案がある場合は当該見解及び提案とともに、専門機関及び国際連合児童基金その他の権限のある機関に送付する。

(c) 委員会は、国際連合総会に対し、国際連合事務総長が委員会のために児童の権利に関連する特定の事項に関する研究を行うよう同事務総長に要請することを勧告することができる。

(d) 委員会は、前条及びこの条の規定により得た情報に基づく提案及び一般的な性格を有する勧告を行うことができる。これらの提案及び一般的な性格を有する勧告は、関係締約国に送付し、締約国から意見がある場合にはその意見とともに国際連合総会に報告する。

第 3 部

第 46 条

この条約は、すべての国による署名のために開放しておく。

第 47 条

この条約は、批准されなければならない。批准書は、国際連合事務総長に寄託する。

第 48 条

この条約は、すべての国による加入のために開放しておく。加入書は、国際連合事務総長に寄託する。

第49条

1　この条約は、20番目の批准書又は加入書が国際連合事務総長に寄託された日の後30日目の日に効力を生ずる。

2　この条約は、20番目の批准書又は加入書が寄託された後に批准し又は加入する国については、その批准書又は加入書が寄託された日の後30日目に効力を生ずる。

第50条

1　いずれの締約国も、改正を提案し及び改正案を国際連合事務総長に提出することができる。同事務総長は、直ちに、締約国に対し、その改正案を送付するものとし、締約国による改正案の審議及び投票のための締約国の会議の開催についての賛否を示すよう要請する。その送付の日から4箇月以内に締約国の3分の1以上が会議の開催に賛成する場合には、同事務総長は、国際連合の主催の下に会議を招集する。会議において出席しかつ投票する締約国の過半数によって採択された改正案は、承認のため、国際連合総会に提出する。

2　1の規定により採択された改正は、国際連合総会が承認し、かつ、締約国の3分の2以上の多数が受諾した時に、効力を生ずる。

3　改正は、効力を生じたときは、改正を受諾した締約国を拘束するものとし、他の締約国は、改正前のこの条約の規定（受諾した従前の改正を含む。）により引き続き拘束される。

第51条

1　国際連合事務総長は、批准又は加入の際に行われた留保の書面を受領し、かつ、すべての国に送付する。

2　この条約の趣旨及び目的と両立しない留保は、認められない。

3　留保は、国際連合事務総長にあてた通告によりいつでも撤回することができるものとし、同事務総長は、その撤回をすべての国に通報する。このようにして通報された通告は、同事務総長により受領された日に効力を生ずる。

第52条

　締約国は、国際連合事務総長に対して書面による通告を行うことにより、この条約を廃棄することができる。廃棄は、同事務総長がその通告を受領した日の後1年で効力を生ずる。

第53条

　国際連合事務総長は、この条約の寄託者として指名される。

第54条

　アラビア語、中国語、英語、フランス語、ロシア語及びスペイン語をひとしく正文とするこの条約の原本は、国際連合事務総長に寄託する。

　以上の証拠として、下名の全権委員は、各自の政府から正当に委任を受けてこの条約に署名した。

●編著者紹介（2022 年 4 月 1 日現在）

＜監修＞
小宅　理沙（こやけ　りさ）
同志社女子大学

＜編集＞
今井　慶宗（いまい　よしむね）
関西女子短期大学

中　典子（なか　のりこ）
中国学園大学

中川　陽子（なかがわ　ようこ）
大阪成蹊短期大学

＜執筆＞
小宅　理沙（こやけ　りさ）..........序章・第 3 章・第 4 章・第 6 〜 7 章・第 10 章第 2 節
同志社女子大学　　　　　　　　　　　　　　　　　　　コラム 4・コラム 5

今井　慶宗（いまい　よしむね）...第 1 章
関西女子短期大学

伊藤　秀樹（いとう　ひでき）..第 2 章
兵庫大学

中　典子（なか　のりこ）..............第 5 章・第 9 章・第 10 章第 2 節・コラム 4・第 11 章
中国学園大学

上田　庄一（うえだ　しょういち）...第 6 章
元奈良県高田児童相談所所長／元東大阪大学

仲森　みどり（なかもり　みどり）..第 6 章コラム 1
奈良保育学院

植村　梓（うえむら　あずさ）...第 7 章
神戸元町こども専門学校

安田　誠人（やすだ　よしと）...第 8 章
大谷大学

矢野　永吏子（やの　えりこ）...第８章・第８章コラム２
龍谷大学短期大学部

石井　貴子（いしい　たかこ）...第８章コラム２・コラム３
大阪こども専門学校

中川　陽子（なかがわ　ようこ）...第 10 章第１節
大阪成蹊短期大学

学 籍 番 号 ＿＿＿＿＿＿＿＿＿＿＿＿＿＿＿＿

氏　　名 ＿＿＿＿＿＿＿＿＿＿＿＿＿＿＿

●課題の題目

●あなたが取り組んだ課題についてまとめて下さい。

●課題に取り組んで、気づいたこと、感じたこと、勉強になった
　ことについて述べて下さい。

学 籍 番 号 ＿＿＿＿＿＿＿＿＿＿＿＿＿＿＿＿

氏　　　名 ＿＿＿＿＿＿＿＿＿＿＿＿＿＿＿＿

●課題の題目

●あなたが取り組んだ課題についてまとめて下さい。

●課題に取り組んで、気づいたこと、感じたこと、勉強になった
　ことについて述べて下さい。

学籍番号 _____

氏　　名 _____

●課題の題目

●あなたが取り組んだ課題についてまとめて下さい。

●課題に取り組んで、気づいたこと、感じたこと、勉強になった
　ことについて述べて下さい。

●監修　小宅 理沙

同志社女子大学現代社会学部　助教（2018 年 4 月～ 2022 年 4 月 1 日現在）
科学研究費助成事業・基盤研究（C）「日本で生活するイスラム教徒への妊娠・
出産・子育て支援」研究代表（2021 年 4 月～）

主な著書・論文

『保育士・看護師・介護福祉士が学ぶ社会福祉』監修　青山社　2019 年
『INNOVATIVE EXPLORATORY RESEARCH』「Sexual victims—supporting
women's sexual and reproductive choices and well-being」pp.46-48
Science Impact 社　2021 年 10 月
『社会的養護 I・II 改訂版』監修　翔雲社　2022 年

子ども家庭福祉概説

		2022 年 4 月 1 日　初版第 1 刷発行

監　修　小宅　理沙
編　著　今井　慶宗・中　典子・中川　陽子
発行者　池田　勝徳
発行所　**株式会社青 山 社**
　　　　〒 252-0333　神奈川県相模原市南区東大沼 2-21-4
　　　　TEL　042-765-6460　　　　　　FAX　042-701-8611
　　　　振替　00200-6-28265
　　　　https://www.seizansha.co.jp/

印刷・製本　モリモト印刷株式会社